마
케
팅
이

돈
이

되
는

순
간

✸

2020NENDAI NO SAIJUYO MARKETING TOPIC O
1SATSU NI MATOMETEMITA

©Kanji Amemiya
First published in Japan in 2022 by KADOKAWA CORPORATION, Tokyo.
Korean translation rights arranged with KADOKAWA CORPORATION, Tokyo
through Danny Hong Agency.

마케팅이 돈이 되는 순간

1판 1쇄 인쇄 2023년 6월 14일
1판 1쇄 발행 2023년 6월 21일

지은이 아메미야 간지   **옮긴이** 유나현
발행인 김정경
책임편집 김광현   **외주교정** 상현숙   **마케팅** 김진학   **디자인** 페이퍼컷 장상호

발행처 터닝페이지
등록 제2022-000019호
주소 04793 서울 성동구 성수일로10길 26 하우스디 세종타워 본동 B1층 101/102호
전화 070-7834-2600   **팩스** 0303-3444-1115
대표메일 turningpage@turningpage.co.kr

ISBN 979-11-981482-3-0 03320

- 잘못된 책은 구입하신 서점에서 바꾸어 드립니다.
- 책값은 뒤표지에 있습니다.

마케팅이 돈이 되는 순간

아메미야 간지 지음
유나현 옮김

터닝페이지

세계를 둘러싼 비즈니스 환경은 나날이 혼란을 더해 가고 있다. 팬데믹의 여파로 공급망에 혼선이 생겨 원하는 상품을 구하지 못하게 되거나 평화가 깨지고 전쟁이 발발해서 일상생활에 지장이 생기기도 하고, 경제 대국 간의 무역 마찰로 인한 관세 인상으로 물가가 급등하여 상품 구매가 어려워졌다.

게다가 가짜 뉴스나 조작 영상을 만드는 데 쓰이는 딥페이크(첨단 조작 기술), 가상 화폐의 핵심 역할을 하는 블록체인, 다양한 업계에서 업무 효율을 높이는 AI(인공 지능) 같은 새로운 기술의 대두로 미래를 쉽게 예측할 수 없는 불투명한 상황에 놓였다. 이렇게 변수가 많은 환경에서는 기업 경영의 방향을 잡기가 어려울 수밖에 없다.

그러나 이런 상황 속에서도 비즈니스 환경 변화에 제대로 대처하는 기업은 존재한다. 창업한 지 25년 이상 된 기업은 물론, 50년이 넘은 기업도 성공 경험이나 핵심 역량에 안주하지 않고 지속적인 경쟁 우위를 구축하는 경영을 실현하고 있다.

이를 가능케 하는 것은 과연 무엇인가. 그것이 바로 이 책에서 말하려는 내용이자 이 책의 취지이다. 기업의 역사와 실적, 규모를 자산으로 여기는 시대는 이미 끝났다. 지금 시대는 전통 있는 우량 기업이 쌓아 온 자산을 경쟁력으로 전환하여 새로운 전략과 혁신을 만들어 내라고 한다.

2020년 이후, 시대 변화의 파도는 더욱 거세어지고 있다. 이 새로운 조류에 잠식되지 않으려고 어느 기업이나 필사적으로 변혁을 모색한다. 그 변혁의 실마리는 이 책을 구성하는 네 개의 부 제목에도 나와 있듯이 '애자일', '퍼포스 브랜딩', '리질리언스', '이노베이션'으로 집약할 수 있다.

이 4가지는 변혁의 주축을 이루는 키워드인 동시에 오늘날 경영과 마케팅에서 요구하는 주요한 접근법이다. 이 책에서는 이 4가지에 초점을 맞춰 변혁을 이루어 낸 기업의 구체적인 기업 활동과 사업 경위를 자세히 밝히고, 이들이 채택한 전략과 대책의 의도 혹은 당위성을 해설해 그 전체상을 파악한다.

기업 활동에는 제품이나 서비스 제공을 통해 수요를 환기하여 가치관을 바꾸는 힘이 있다. 이 책에서 다룰 16개 기업은 모두 자사가 위치한 시장의 변화를 감지하여 가치관을 바꾸는 데 성공한 기업이다.

책의 특징과 구성

먼저 각 장의 서두에 'Case Study'로서 각 회사의 사업 경위와 활동, 성과를 상세하게 설명한다. 그다음 두세 가지 해설 포인트를 들어 '왜 그런 전략을 채택했는가', '대책의 의도는 무엇인가', '기업이 취한 행동에 어떤 당위성이 있는가' 등을 해설해 기업이 이룬 변혁에 관해 더 깊이 이해할 수 있도록 했다.

사례로 든 16개 기업은 기무라야, 화이자, 아이리스 오야마, 스바루, 소니, 오므론, 스타벅스, 양품계획, 니토리, 리크루트, 푸드앤라이프 컴퍼니, 산토리, 마이크로소프트, 아마존, 애플, 구글로 모두 2020년 이후 새롭게 변혁을 일으키거나 핵심 역량을 구축하여 변화의 물결에 대처한 기업이다.

이들 기업을 이 책에서는 변혁을 일으키는 4가지 특성으로 분류하여 장별로 정리했다.

제1부는 '제품 매니지먼트를 애자일화하다'이다. 최근 비즈니스에서는 일단 실행에 옮기고 그 안에서 문제를 해결해 가며 사업을 전개하는 '애자일 방식'이 보편화되었다. 이것은 과업의 절차를 처음부터 끝까지 정해 놓고 일에 착수하는 종래의 '워터폴 방식'과 상대되는 개념으로, 사회 변화와 환경의 복잡화에 대응하기 위해 기업들이 도입하기 시작한 접근법이다.

제2부는 '지속 가능성을 낳는 퍼포스 브랜딩'이다. 자사의 '퍼포스(존재 의의)'를 명확히 하는 것은 기업의 내부와 외부 양쪽에 큰 영향을 미친다. 초경쟁 시대에 기업이 존속하기 위해서는 퍼포스 자체를 브랜드로 격상하는 과감한 경영이 요구된다. 기업이 지속적으로 성장하는 프로세스에는 항상 출발점으로 돌아가기 위한 나침반이 필요한 법이다.

제3부는 '무너지지 않는 구조를 만드는 조직의 리질리언스'이다. 신종 코로나바이러스 감염증의 확산 등으로 사회가

혼돈에 빠지면서 앞날을 내다보기 어려워진 탓에 실적 부진을 겪는 기업이 늘고 있다. 이런 불확실한 상황에서 기업에 필요한 것은 '리질리언스(회복력)'이다. 회복력을 지닌 기업은 내부에 무너지지 않는 구조를 만들어 조직의 힘으로 문제에 맞서 수익화를 꾀한다. 회복력 있는 기업을 차별화하는 것은 매출 규모가 아니라 수익력이다.

제4부는 '번아웃을 피하는 이노베이션'이다. 이노베이션은 양손잡이 경영에서 지식의 '심화'와 상대되는 개념인 지식의 '탐색'에 해당한다. 지식의 탐색은 새로운 기술이나 제품 개발에 초점을 맞추기 마련인데, 기존 제품이나 서비스에서 비즈니스 모델을 변경하거나 운영을 진화시키는 방법으로 스케일 확장을 꾀할 수도 있다. 지식의 탐색은 핵심 사업의 회생으로도 이어진다.

변혁을 이룰 수 있는 기업은 별도의 조직을 구성하더라도 이노베이션 창출의 자세를 본 조직과 일체화하여 기업 문화로 승화한다. 그 변혁 프로세스에서 성패를 가르는 것은 소비자와 제대로 소통하여 가치를 창출하는 능력이다. 이런 기업

을 통해 우리는 기업의 바람직한 자세뿐만 아니라 업계의 미
래를 만드는 데 도움이 되는 통찰을 얻을 수 있다.

제1부
유연한 마케팅을 하다

:
:
🙂
:
:

4장

고독의 문을
Do, Dream

새로운 길이 열리다

한 줄기의 희망도 놓치지 마라

새벽 5시 – 할리우드로 가기 위한 어둡고 긴 터널

할아버지의 선물 덕분에 나는 큰 고민을 덜 수 있었다. 할아버지에게 보답하기 위해서라도 꼭 결과물을 보여드려야겠다고 결심했다. 나는 미국에서 직접 미팅을 했던 미셸과 함께 일하기로 했다. 미셸에게 너무나 고맙다. 변호사 비용을 내기도 전에 내가 준비했던 자료들을 검토해줬을 뿐만 아니라 정말 자세히 컨설팅도 해줬다. 미셸과 주고받았던 200통에 가까운 메일을 보고 있으니 다시금 너무나 감사하게 느껴진다. 땡큐 미셸!

예술인 비자를 준비할 때 무엇이 필요한지, 어떤 자격이 필요한지 지금까지 내가 경험한 것들과 그 노하우를 공개하고자 한다. 물론 어떤 고통이 뒤따랐는지도. 아마도 30분에 15만 원짜리 컨설팅 비용을 절감할 수 있는 내용이니 관심이 있다면 꼭 기억해두길 권

한다. 주로 5가지를 준비하면 된다.

1. Signed deal memo
2. Certificated from film festival
3. Drama poster
4. Letters
5. Articles

첫 번째, 가장 중요한 자료로, 나를 지원해주는 스폰서와 함께 일을 할 것이라는 딜 메모가 필요하다. 미국 기업이 나라는 배우와 함께 일하고 싶어 한다는 내용을 담은 가계약서, 즉 어떤 드라마에 출연하고 출연료는 얼마나 지급받을 예정이라는 내용이 담겨 있는 자료다. 드라마가 시즌제인지 여부에 따라 비자의 기한은 1년짜리가 될 수도 있고 3년짜리가 될 수도 있다.

두 번째, 국제영화제에서 수상한 경력이 있어야 한다. 입상 경력을 입증할 수 있는 상장과 트로피, 혹은 기삿거리가 필요하다. 미국 이민국USCIS에서 지원자의 탤런트를 보고 싶어 하기 때문에 꼭 필요한 항목 중 하나라고 했다. 만약 미국이 참가한 영화제라면 더욱 좋다. 나는 운 좋게도 '예천국제스마트폰영화제'에서 대상을 받은 적이 있어 수상 경력으로 인정을 받았다.

세 번째, 자신이 출연한 작품의 포스터가 필요하다. 이름과 얼굴이 담긴 포스터가 있다면 좋다. 구글 혹은 네이버의 인물 정보 필모그래피도 유용하게 사용될 수 있다.

네 번째, 나와 같은 무명배우를 보증해줄 증인의 추천서가 필요하다. 대부분 영화계나 드라마업계에서 인정을 받는 사람들의 추천이라면 효력이 막강하다. 나는 O-1 비자를 준비하면서 이미 머릿속으로 어떤 분들에게 부탁할지 미리 생각을 해둔 상태였다. 특히 추천서를 준비하면서 역시 사람은 적을 만들지 말고 바르게 잘 살아야 한다는 것을 느꼈다.

마지막으로 기삿거리다. 내가 활동한 작품들에 대해 기사로 보도가 됐는지 여부와 언론사의 규모 역시 매우 중요한 판단의 기준이 될 수 있다. 비자를 준비하면서 기사를 찾아보니 나와 관련된 기사는 5~7개 정도에 불과했다. 미셸은 그 정도로는 부족하니 한국에 들어가게 되면 〈웨스턴애비뉴〉 출연에 대한 기사를 써주실 분들을 수소문해보라고 했다. 앞서 말한 다섯 가지의 항목이 예술인 비자를 발급받는 데 가장 중요한 항목들이다.

내가 아닌 누구도 나에게 관심이 없다

나는 시간을 최대한 줄이기 위해 모든 자료를 준비했다. 추천서를 받을 염치가 없어 최대한 거짓 없이 레터도 작성하고 기자분이 매

체에 실어주기만 하면 될 수준으로 스스로 기사도 써봤다. 다행히 한진원 감독님, 강철우 감독님, 박세준 대표님, 박정의 회장님이 모두 응해주셔서 추천서를 제출할 수 있었다. 신창걸 예천국제스마트폰영화제 집행위원장님과 우동순 사무국장님 덕분에 대상 수상 경력을 증명할 수 있었다. 또 〈롤링스톤〉 코리아의 레이 형님과 배우 유장영 형님 덕분에 좋은 언론사의 기사를 받을 수 있었다. 모든 문서를 영어로 번역하는 일은 최고의 선생님 다이앤이 소개해준 라일라 선생님이 맡아주셨다. 주변에서 모두 도와주신 덕분에 3주 만에 모든 작업을 끝낼 수 있었다.

대부분 O-1 비자를 신청하면 자료 준비 단계에서 굉장히 오래 걸린다고 한다. 나도 변호사에게 자료에 대한 이야기를 듣고 준비했더라면 제 시간에 맞추지 못했을지 모른다. 만약 비자 발급이 시급한 상황이라면 프리미엄 익스프레스premium express라는 제도를 이용해 2~3주 안에 미국 이민국의 승인을 받을 수도 있다. 내 경우는 미국배우조합SAG의 인증도 받아야 했는데, 그 시간이 일주일 넘게 걸렸다. 다행히 SAG로부터 승인이 떨어졌고, 프리미엄 익스프레스를 이용했다. 만약 추가 서류 요청Request for Evidence, RFE이 나오지 않으면 3주 후에 인터뷰를 볼 수 있는 기회가 생긴다.

비자 준비를 하면서부터 매일 새벽 5시에 일어나게 됐다. 미국과 한국의 시차 때문에 이메일을 주고받기 위해 자기 전까지 이메일에 접속해 새로고침을 몇 번씩 눌렀는지 모른다. 심지어 꿈속에서도 새로고침을 누르고 있었다. 비자를 준비하는 3개월 내내 그런 시간이 이어졌다. 솔직히 힘들지 않은 척하고 싶었지만 마음은 정말 조급했고 힘들었던 것 같다. 그나마 미셸이 하나하나 답해줘서 불안한 마음을 달랠 수 있었다.

3주 후 나는 추가 서류 요청을 받았다. 〈웨스턴애비뉴〉에 대한 자료는 이미 다 보냈는데 무슨 상황인지 미셸에게 물었다. 미셸은 아마도 서류 검토에서 심사관이 놓쳤을지 모른다고 답했다. 나는 내 귀를 의심했다. 누군가의 인생이 걸린 문제인데 서류 검토를 누락할 수 있다는 말에 화가 치밀어 올랐다. 또 아무것도 못하는 무기력한 상황에 정말 마음이 힘들었다. 그후 다시 2주의 시간을 보내야 했고, 감독님과 약속한 5월 첫째 주가 다가오고 있었다. 비자를 받지 못하면 〈웨스턴애비뉴〉팀에 큰 피해를 줄 수 있다는 생각에 정말 힘들었다. 도무지 상식적으로 납득할 수가 없었고, 마음은 급해지기 시작했다.

감독님과 통화를 하며 당시 상황을 설명했다. 나로서는 감독님에게 달리 드릴 말씀이 없었다. 나는 감독님에게 캐스팅을 다시 고려해보시는 게 어떨지 여쭤봤다. 마음이 찢어지는 듯했다. 하지만 내 욕심만으로 끌고 갈 수 없는 일이었다. 감독님은 내 마음은 알겠지만 끝까지 기다려보자고 말씀해주셨다. 감독님의 말을 듣자 눈물이 났다. 정말 너무나 감사하고 무기력한 나 자신이 답답해 너무나 힘들었던 나날이었다.

감독님과 약속한 시간이 다가오고 있던 5월 3일. 이메일 한 통을 받았다. 서류가 승인됐다는 내용이었다. 나는 너무 기쁜 나머지 소리를 지르고 말았다. 사실 한 치 앞도 보이지 않는 상황 속에서 자구책을 만들어뒀었다. 미셸에게 부탁해 서류 승인에 앞서 5월 말로 인터뷰 예약을 잡아둔 것이다. 코로나로 인해 대사관 인터뷰가 갑작스럽게 취소되는 경우도 있기 때문에 순번이 밀리는 것에 대비한 안전장치였다. 하지만 나는 미국 이민국의 승인을 받고서 극적으로 인터뷰 날짜를 5월 12일로 다시 당길 수 있었다. 이제 인터뷰만 통과된다면 촬영에 지장이 없도록 미국에 도착할 수 있는 플랜이 만들어진 것이다!

서류 승인을 받고서 그동안 잠시 중단했던 SNS 활동을 재개했다. 오랜만에 SNS 세상에 들어가니 만감이 교차했다. 내가 힘들고 외롭게 지내온 3개월 동안 아무도 내 인생에는 관심이 없었던 것처럼 느껴졌다. 결국 내 인생을 사는 건 나뿐이라는 생각이 들었다. 하지만 내겐 정말 소중한 사람들, 날 끝까지 지켜봐준 사람들이 있기에 외롭지 않았다. 그러면서 그동안의 내가 사실 다른 사람들에게 보여지는 모습만을 위해 살아왔다는 것이 느껴졌다. 그렇게 생각하니 다른 사람의 일을 자신의 일처럼 신경 써주는 내 주변 사람들에게 더욱 고마움을 느끼게 됐다. 이제 어둡고 긴 터널을 지나 인터뷰 준비만이 남아 있었다.

아티스트로서의 첫 발

대사관으로 인터뷰를 하러 가는 날, 화창한 날씨가 나를 반겨줬다. 햇살이 너무나 따스했다. 기분이 정말 짜릿했다. 버스정류장 옆에 핀 꽃까지도 예뻐 보였다. 어쩌면 이것 또한 두려움을 잊고자 한 생각의 전환이었을까. 세상의 모든 것들을 좋게 보려는 긍정의 마음이라는 생각이 들었다.

미국 대사관에 도착해 떨리는 마음으로 건물로 들어섰다. 전날까지 질문과 답변을 시뮬레이션하며 얼마나 공부를 했는지 모른다. 인터뷰에 들어가기 전까지 촬영장에 들어가는 배우의 마음으로 예상 질문 리스트를 다시 한번 외우기를 멈추지 않았다.

인터뷰를 보러 온 사람은 그리 많지 않았다. 휴대전화를 맡기고 자료를 제출한 후 내 차례가 오기를 기다렸다. 기다리는 동안에도 머릿속으로는 시뮬레이션을 멈추지 않았다. 인터뷰에서 큰 결격 사항이 없다면 여권에 스티커를 붙이는 것으로 모든 과정은 끝난다. 그것으로 내 운명은 결정된다.

할리우드라는 콜로세움에 뛰어든 검투사

비자 발급 관련 유튜브 후기를 보니 면접관 중 착해 보이는 사람이 걸리기만을 관찰했다는 분도 있었다. 나는 긍정의 마음이 과했는지 모든 면접관이 착해 보였다. 그리고 막상 그곳에서 기다리는 동안 두려움은 점점 사라졌다. 이상하리만치 모든 인터뷰어의 질문이 잘 들렸기 때문이다. 생각해보니 내가 잘못한 것이 없는데 두려워할 필요가 없었다. 그냥 나는 내가 준비한 대로 당당하게 답하고 나오면 된다는 생각이 들었다. 그래도 얼굴에서 스마일은 결코 잃지 말자고 다짐했다. 그렇게 나는 백인 면접관에게 배정됐다.

면접관   하우아유!

헤이든   안녕하세요. 선생님, 좋은 아침입니다.

면접관   오, 너 예술인 비자를 준비해왔구나? 너 이 기간에 뭘 하러 가는 거야? 너 탤런트가 뭐야?

헤이든   아, 저는 한국 배우이고요, 몇몇 드라마에 출연을 했었습니다. 이번에 미국에서 촬영하는 〈웨스턴애비뉴〉라는 작품에 캐스팅이 되어서 비자를 준비하게 됐어요. 할리우드에서 촬영할 생각을 하니 너무 재미있을 것 같아요!

면접관　　오 진짜? 넷플릭스야? (내 여권을 뒤로 던지며) 네가 필름이나 TV에 나오는 걸 기대하고 있을게! 굿럭!

헤이든　　…?! 감사합니다. 선생님! 최선을 다할게요. 좋은 하루 보내세요.

면접관　　너도!

　나는 내가 아는 최고의 감사 표현으로 인사를 하고 면접장을 빠져나왔다. 드디어 비자를 발급받은 것이다! 대사관에서 나오며 나는 환한 빛이 내리쬐는 천국의 계단을 내려오는 듯한 느낌을 받았다. 정말 너무 기뻐 주체할 수 없었다. 10년 묵은 체증이 싹 날아간다는 옛말이 가장 적절하지 않을까 싶다.

　대사관을 뛰어나온 나는 광화문 광장에 있는 세종대왕님에게 달려갔다. 세종대왕님에게 절을 올리고 싶었다.

　세종대왕님! 저 드디어 O-1 비자를 땄습니다! 정말 너무 감사합니다. 제가 아직 부족하지만 그곳에 있는 배우들과 좋은 호흡, 앙상블을 만들어보겠습니다. 그리고 더 영향력 있는 연기자가 되어 한글의 위대함을 널리 알리겠습니다. 정말 감사합니다! 사랑해요! 진짜 최고!

새로운 길이 열리다

세종대왕님 앞에서 절을 하는데 좋은 기운이 가득 스며드는 듯했다. 정말 모든 것이 잘될 것 같은 기분이 들었다. 하지만 이내 내가 희열을 느끼는 이 순간에도 세상은 평범하게 돌아가고 있다는 생각이 들었다. 그래! 내 시간은 내가 만들어가는 거지! 앞으로 또 어떤 일이 일어나든 지금껏 그래 왔듯이 꾸준히 뭔가를 만들어내는 사람이 되자고 다짐했다. 그리고 곧장 경복궁까지 달려갔다. 마치 실성한 사람처럼 웃고 소리치면서 광화문 앞을 뛰어다녔다. 대한민국의 멋진 배우가 되겠다고 세상에 외쳤다. 나만의 '멋'이 있는 사람이 되겠다고 다짐했다. 작년 5월부터 달려왔던 모든 과정들이 주마등처럼 지나갔다.

사실 난 인터뷰 중 이 말을 꼭 하고 싶었다.

I wish to performance wonderful ensemble with great American actors on the like world best stage, Hollywood. I trust my efforts, I stronger believe that I will be able to show my full potential to the world audience as my Hollywood career. Please watch me. Thank you! I'm gonna be greatest Artist!
저는 할리우드라는 세계의 무대에서 훌륭한 미국의 배우들과 환상적인 앙상블 퍼포먼스를 하고 싶습니다. 저는 제

노력을 믿어요. 저는 제 할리우드 커리어로써 세계의 대중들에게 저의 잠재력을 보여줄 수 있다고 확신합니다. 지켜봐주세요. 감사합니다. 최고의 아티스트가 될게요!

    인터뷰 중 혹시라도 나를 의심하거나 내 비자 승인을 반려하려고 하면 전해야겠다고 생각한 내 진심이었다. 하지만 그런 상황은 오지 않았고 나는 내 진심을 이룰 수 있도록 앞으로 더욱 노력할 것이다. 경복궁과 세종대왕님의 기운을 잔뜩 받아서 할리우드라는 거대한 콜로세움에 우뚝 선 한국인의 검투사로서 멋진 배우들과 함께 멋진 쇼를 보여주는 아티스트가 되겠다고 다짐했다. 콜로세움과 검투사는 한진원 감독님이 추천서에 써주신 표현인데 말할 때마다 힘을 얻는 듯한 느낌을 준다.

    나는 종유석 감독님에게 가장 먼저 전화를 드렸다. 지금의 이 감동을 감독님과 가장 먼저 나누고 싶었다. 감독님에게 카카오톡 통화 버튼을 누르며 지난 몇 개월 동안 느끼지 못했던 편안함이 느껴졌다. 항상 감독님에게 죄송스러운 마음이었는데 이제는 정말 마음 편하게 기쁜 마음으로 통화를 할 수 있다는 생각에 가슴이 뭉클했다. 감독님도 기다렸다는 듯이 반갑게 전화를 받으셨다. 감독님의 목소리를 듣자마자 나는 기쁨의 눈물이 흘렀다. 한동안 감독님과 나는 고생했다며 서로를 위로했다. 끝까지 믿고 기다려주신 감독님과 크루분들에게 너무나 감사했다. 그에 대한 보답으로 내가 맡은 카일이라는 역할을 연기하기 위해 최선을 다하겠다고 생각했다. 그리고 그동안 마음고생이 심했던 나를 끝까지 믿어주고 옆에서 응원해주고 도와준 사람들에게도 감사의 인사와 기쁨의 순간들을 나누는 행복을 누렸다. 정말 행복했다.

　따뜻했던 5월 12일. 나는 대한민국 최초로 최단 기간에 예술인 비자를 딴 사람이 됐다. 최초가 아니어도 괜찮다. 아무렴 뭐 어떤가. 아무도 가지 않은 길에 흔적을 남겼으니 그 길이 누군가에겐 좋은 길라잡이가 되면 좋겠다는 마음이 들었다. 이제야 작은 빛이 보이기 시작했다. 정말 고생했다, 헤이든.

든든한 지원군이 생기다

나는 배우라는 직업을 선택해 내 인생에서 미지의 세계를 스스로 개척해나가고 있었다. 흔히 말하는 학연, 지연 등의 도움을 얻지 않았으니 스스로 개척하고 있다는 표현이 가장 적절할 것이다. 그런 나를 보며 부모님은 늘 걱정뿐이셨다. 이상하게도 나는 어려서부터 배우라는 일을 사랑했다. 가장 재미있는 일이었기 때문이다.

극 중 인물을 표현하는 것이 좋았고 관객들이 나를 보며 즐거워하는 모습에 희열을 느꼈다. 내가 발전하고 있다는 것을 느낄 때도 희열을 느꼈다. 무엇보다 촬영 현장이나 무대 위의 떨림이 좋았고 그 공간에서 연기하는 순간의 희열과 그 공간 위에 배우로 서기 전에 느껴지는 극강의 스트레스를 사랑했다. 하지만 나는 여전히 무명의 시간이라는 긴 터널을 지나고 있었다. 배우에게는 숙명적인 시간이다.

3년 전 어느 날, 문득 연기자가 자기만의 색깔, 퍼스낼러티를 내려면 어떻게 해야 하는지 고민에 빠졌다. 내가 좋아하는 배우라는 일을 좀 더 의미 있게 빛내고 싶었다. 그렇게 영어를 시작했다. 예전의 나는 노력은 하되 영리하진 못했다. 헬스장에서 운동을 하고 연기를 연습하고 영화를 보고 공부하고 아르바이트를 하는 등 누구나 쏟는 노력의 영역에서만 노력할 뿐이었다. 그러다 영어 공부를 시작했다. 3년이 지난 지금, 내 삶은 조금씩 변화하고 있다. 비단 직업에 대한 영역뿐만 아니라 내 삶의 전반적인 영역에서도 좋은 에너지가 영향을 주고 있는 듯하다.

두 번째 여정을 마치고 돌아오자 국내 연예기획사 몇 군데에서 관심을 보내왔다. 커리어는 변화가 없어도 나라는 사람의 스토리가 변했기 때문이다. 영어 공부를 시작한 것, 미국 할리우드에 도전한 것이 기획사 입장에서 흥미를 가질 만했던 것이다. 내가 가진 매력 포인트를 쌓아야 한다는 것을 느꼈다.

비자를 준비하며 나는 몇 군데 회사와 미팅을 했다. 그중 현재 내가 소속돼 있는 씨제스 엔터테인먼트CJeS Entertainment와 인연이 닿았다. 나는 7년 전, 당시 매니저를 시작한 지 얼마 되지 않았던 배창현 매니저를 만났다. 이후 우리는 매니저와 배우로서 각자 경력을 쌓으며 좋은 관계를 유지해왔다. 그러다 내가 미국에 도전하고 있다는 소식을 접한 매니저 형님이 자신이 몸담고 있는 씨제스와 미팅을 한번 해보는 것이 어떻겠냐고 제안을 했다.

　매니저 형님은 우선 내 정보와 상황을 회사에 전달했고, 얼마 후 씨제스 엔터테인먼트의 실장님과 본부장님을 만나는 약속이 잡혔다. 미팅을 하기 위해 역삼으로 향하는 길이 참 설렜다. 회사는 정말 크고 멋있었다. 회사 건물 기둥에 적힌 소속 배우들의 정보를 보며 언젠가 내 얼굴도 저기에 걸리면 좋겠다고 생각했다. 미팅을 하는 동안 실장님과 본부장님은 내가 꾸준히 영어 공부를 했다는 사실에 칭찬을 많이 해주셨다. 심지어 두 분은 처음에 나를 보고는 교포인 줄 알았다고 하셨다. 내 최면이 먹힌 듯했다. 또 한국에서 내가 펼쳐가야 할 방향성에 대해서도 조언해주셨다. 미팅을 하는 내내 마음이 굉장히 편했다.

　첫 미팅을 마치고서, 그리고 비자 준비를 하는 내내 마치 여자 친구의 연락을 기다리는 남자처럼 내가 무슨 실수를 하진 않았을지, 나를 잘 봐주셨을지 초조한 마음이었다. 지금도 그때의 마음을 떠올리며 간절함을 절대 잊어서는 안 된다고 다짐한다. 내 미래를 이끌어줄 사람들의 답변을 기다리는 설렘과 마음가짐을 떠올리며 하루하루를 살아가야 하고, 초심을 절대 잊어서는 안 된다고 말이다.

　미팅을 마치고 3주의 시간이 흘렀다. 그동안 간절한 마음을 억누르느라 고생이 많았다. 무엇보다 실장님이 나를 굉장히 마음에 들어 하신 것을 보고 안심이 될 줄 알았는데 전혀 편하지가 않았다. 3주 후 실장님으로부터 연락이 왔다. 자신이 속한 팀에 나와 함께하고 싶다는 이야기를 전했고 이제 내 결정이 남았다고 말이다. 나는 당시에 이야기를 나누던 다른 기획사들이 있어 마무리 미팅을 잘하고 연락을 드리겠다고 말씀드렸다. 너무나 감사했다.

그동안의 내 노력을 인정받은 순간이었다. 무엇보다 다른 기획사에 속해 있을 때 느껴보지 못한 기분이었다. 영어 공부를 막 시작하던 때였는데, 한 매니저가 내게 왜 영어 공부를 하냐고 물었다. 내가 할리우드에 갈 계획이라고 말하자 그는 박장대소를 했다. 그때 나는 많은 생각이 들었다. 어떤 지원을 바라는 것도 아니고, 한마디 응원이었으면 고마웠을 텐데, 왜 그렇게 반응을 한 것인지 원망스러웠다. 과연 이 사람과 함께 어떤 도전을 함께 해나갈 수 있을지, 함께 동행할 수 있을지에 대해 정말 많은 생각이 들었다.

그때를 생각하면 너무나 속상하고 마음이 아프다. 나는 그때를 계기로 다른 사람의 도전과 용기를 내가 감히 평가할 수 없다고 생각하기로 했다. 그리고 누군가 내게 자신의 꿈과 도전 과정에 대해 말한다면 반드시 응원을 해주자고 마음먹었다. 현실적으로 도움이 되는 말을 건네지 못하더라도 그가 꺾이지 않도록 작게나마 용기를 심어주자고 말이다. 내가 대신 살아줄 수 없는 그 사람의 시간과 인생에 대해 어떠한 판단도 내릴 수 없다고 말이다. 내겐 상처 아닌 상처로 남은 일이지만 그때 그 일로 인해 나는 조금 더 성장했던 것 같다.

결국 나는 다른 기획사들과의 이야기를 마무리하고 백창주 대표님의 승인 덕분에 내 생일을 5일 앞둔 5월 2일에 씨제스와 계약을 하게 됐다. 내 배우 인생에서 정말 든든한 지원군이 생기게 된 것이다. 계약서에 사인을 하던 순간을 잊을 수가 없다. 더구나 계약을 하고 이틀 뒤에는 미국 이민국으로부터 비자 승인까지 받았으니 운명의 여신이 내게 미소를 보내고 있는 것처럼 느껴졌다. 지난 3개월의 시간에 대한 보상 같았다. 연기를 시작하고 거의 10년 만에 대한민국에서 가장 큰 연기자 회사의 소속 배우가 된 것이다.

그날 나는 눈앞의 상황을 불평하기보다 성찰하는 계기로 생각하고, 생각에 머물기보다 행동에 나서는 사람으로 거듭나겠다고 다짐을 했다. 무엇보다 내 인생에서 이보다 더 큰 선물은 없을 듯했다. 내 부모님에게도, 나를 응원해준 이들에게도 기쁨의 순간이었다. 그날의 벅차오르는 기쁨을 가슴 깊이 새기며, 나란 사람을 믿어준 모든 이들에게 좋은 연기로 보답을 하리라. 감사한 모든 분들을 호명할 수 없어 아쉽지만 다시 한번 지금까지 나를 도와주고 계시는 씨제스 관계자분들에게 감사의 마음을 전한다.

사람들의 시선을 두려워하지 마

365일간의 영어 공부, 90일간의 미국 여행, 매니저와 함께한 아르바이트 생활, 다시 미국을 찾아 치른 오디션과 캐스팅, 3개월간의 비자 준비, 소속사와의 계약. 내 인생은 점차 달라지고 있었다. 사람들은 타인의 삶에 큰 관심을 갖지 않는다. 그러다 누군가의 삶에 흥미로운 일이 벌어지는 듯하면 잠깐 관심을 가질 뿐이다.

내 이야기가 조금씩 주변에 알려지면서 이전까지 나를 모르던 사람들도 조금씩 내게 관심을 가지고 칭찬을 해주기 시작했다. 칭찬에 인색한 나라에서 처음 느껴보는 기분이었다. 그렇게 조금씩 시선의 변화를 느꼈다. 모두가 불가능하다고 말하던 것을 포기하지 않았기 때문일까. 그동안 나를 무시하던 시선, 비웃음의 시선이 조금씩 사라지는 것이 느껴졌다.

선한 영향력

더없이 행복할 것만 같던 시기에도 나는 많은 생각을 하게 됐다. 일례로 변호사를 알아보던 시기에 카일은 자신의 변호사를 소개시켜줬다. 하지만 나는 그의 변호사와 일하지 않기로 했다. 먼저 소통이 가장 큰 문제였다. 우리나라의 사례를 물어볼 수 없다는 불안감도 한몫했다. 반면 미셀의 로펌은 한인 변호사들로 꾸려져 있었고 몇몇 유명 연예인들과 작업한 경험이 있어 이들과 함께하는 것을 선택했다. 비자를 따고 난 이후 나는 한인 배우들 사이에서 특별한 케이스가 됐다. 하지만 넓은 의미로 LA에 있는 아시아계 종사자들 사이에서 내 이야기는 그리 특별한 이야기가 아닐 수도 있다. 미국에서 활동하는 아티스트들이 대부분 나와 같은 경험을 가지고 있으니 말이다. 하지만 우리나라에서는 내 스토리에서 특별한 비결이나 인맥을 찾으려는 사람들이 있는 듯하다.

그런 점에서 나는 마음이 아프다. 우리나라의 문화 콘텐츠는 세계의 정상에 오를 만큼 각광받고 있으며 세계를 주도할 만한데도 불구하고 우리들이 알고 있는 세계 저 너머의 세상은 더욱더 넓다는 현실 때문이다. 사실 본인만이 갖고 있는 심지가 단단하다면 누구라도 더 넓은 세상을 누릴 수 있다고 본다. 타인의 시선은 중요하지 않다. 그들의 평가와 질타는 내 삶의 의미에 큰 문제가 되지 않는다.

물론 자신의 꿈을 향해 나아가고 있을 때는 주변의 시선이 힘들게 만들기도 한다. 하지만 그 또한 내 꿈을 이루기 위한 과정의 일부일 뿐이다. 어쩌면 그들의 말 한마디가 좋은 채찍질의 역할을 했을지도 모른다. 그런 면에서 나에게 우려 섞인 따끔한 조언을 해주셨던 많은 분들에게도 감사하다.

반대로 자신을 향한 긍정적인 시선도 결과적으로는 삶을 크게 바꾸지는 못한다. 결국 내 꿈을 이루는 것은 나 자신뿐이기 때문이다. 지금도 나는 아직 꿈을 이룬 것이 아니라 꿈을 이루는 과정 속에 있다. 또한 내게 세상을 뒤집어놓을 만큼 거대한 영향력이 없다는 것을 누구보다 잘 알고 있다. 다만 작게나마 내 선례가 누군가에게 조금이라도 도움이 된다면 그것만으로도 나는 충분히 행복할 것 같다. 이 긴 터널을 통과하면서 작게나마 좋은 영향력을 키워가고 싶다는 생각을 더욱더 하게 됐다.

말의 힘

최근에 유튜브 영상으로 유재석 선배님이 악플이 무플보다 낫다는 말은 잘못됐다고 말하는 영상을 본 적이 있었다. 유재석 선배님은 악플은 정말 나쁜 것이고, 차라리 무플이 낫다고 했다. 나는 그 말에 100퍼센트 동감한다. 누군가에게 관심을 가진다면 나쁜 관점

하나의 방향

보다는 좋은 관점으로 바라봐주면 좋겠다.

　부정적인 평가를 받아야 성장에 도움이 된다고 말하는 사람이 있지만, 부정적인 평가가 아니더라도 긍정적인 평가로 상대방의 능력을 최대한 끌어낼 수 있는 방법이 무궁무진하게 많다. 칭찬은 고래도 춤추게 한다는 말이 있지 않은가. 정말로 칭찬은 모든 이를 춤추게 할 수 있다. 말이 가진 힘이 그만큼 세다. 자신이 듣고 싶은 말만 듣고 살기에도 우리 인생의 시간은 턱없이 부족하다.

　하지만 내가 몸담고 있는 배우라는 영역, 특히 연예인들은 공인이라는 말을 자주 접한다. 공인은 국민들에게 늘 관심을 받는 대상이니 행실을 바르게 해야 하고 모범을 보여야 한다고 말이다. 하지만 배우는 공인이 아니다. 공인은 대통령이나 정치인처럼 국민의 삶을 위해 공적인 일을 하는 사람들을 말하는 것이지 우리 같은 배우를 공인이라 보기엔 다소 거리감이 있다.

배우는 표현을 하는 사람일 뿐이다. 배우가 자신의 역할을 표현하는 방식을 두고서 대중이 비평이나 평가를 하는 것은 얼마든지 들을 수 있다. 그러한 대중의 평가를 통해 배우는 성장할 수 있다. 하지만 배우의 삶에 대한 평가까지 들을 이유는 없다. 불법 행위를 저지르지 않는 이상, 본인의 생각을 창작하고 표현하는 사람에게 공적인 잣대를 들이대는 것은 잘못 쏜 화살인 셈이다. 공적인 잣대가 없다고 해서 범죄를 저지르거나, 윤리 의식에서 벗어나는 행동해도 된다는 이야기가 아니다. 기본적인 윤리 의식은 사회의 구성원으로 살아가면서 누구에게나 지켜야 할 의무라 생각한다.

나는 대한민국에서 살아가는 자랑스러운 국민이자 배우라는 직업을 가진 사람으로서 내 생각을 표현하는 소신을 지키고 싶다. 옳은 것은 옳다고 말할 줄 아는 삶, 내 철학과 이야기를 소신 있게 이야기하는 삶을 살고 싶다. 모든 사람의 사랑을 받을 수는 없을 것이다. 하지만 나 스스로에겐 끝까지 부끄럽지 않게 살고 싶다. 할 말은 하고, 하고 싶은 것은 최선을 다해 해낸다면 나를 바라보는 시선들이 바뀐 것처럼 앞으로의 내 인생에서도 긍정적인 변화를 느껴가며 살 수 있을 것이다.

가끔은 철부지 같은 생각을 할지라도 맑은 영혼을 간직한 채 살고 싶다. 내가 어떠한 잘못을 했다면 스스로 반성할 줄 알고 진정으로 사죄할 줄 알고 진심을 다할 줄 알고 사랑할 줄 아는 사람이고 싶다. 부모님의 품에 안겨 온갖 귀여움을 받던 아이의 순수함을 간직하고 싶다. 그리고 나를 향한 좋은 시선을 마음에 담고 더욱 열심히 일하는 동력으로 삼되 나를 향한 나쁜 시선은 깔끔하게 배제하는 용기를 갖고 살아가야겠다. 사랑하는 사람들에게 더욱 사랑을 표현하고 그들과의 아름다운 미래를 도모하면서 살아가고 싶다.

Arrival 4

2022년 2월부터 5월까지는 내 인생의 터닝포인트들이 연이어 등장한 스펙터클한 시기였다. 처음 오디션에 지원했을 때, 오디션 셀프테이프를 만들 때, 오디션 결과를 받았을 때, 고민 끝에 미국행 비행기에 올랐을 때, 미국에 도착해 좋은 결과를 받았을 때, 캐스팅과 더불어 비자 준비를 할 때, 변호사를 알아보러 다녔을 때 등등 참 많은 순간들이 떠오른다. 그렇게 수많은 선택과 고민 덕분에, 내게 용기와 응원을 끊임없이 보내준 사람들 덕분에 나는 예술인 비자를 준비할 수 있었다. 이제는 이미 다 지나간 시간들이지만 마음속에서 끝까지 잊지 말아야 할 순간들이다. 마음속에서는 마치 오늘처럼 생생한 순간들이다. 롤러코스터 같았던 3개월 동안 내게 힘을 주신 분들에게 이 자리를 빌려 인사를 드리고 싶다.

내 삶은 내가 만들어가는 것이기도 하지만, 사람들과 함께 살아가는 것이자 그들과 함께 만들어가는 것이다. 물론 인생의 큰 어려움을 겪을 때 가장 흔들리고 혼란스러운 건 나일 것이다. 하지만 주변에서 나와 함께해준 사람들이 있었기에 버틸 수 있었고 이겨낼 수 있었다. 새로운 길을 개척하는 일조차도 나 혼자가 아니라 주변의 많은 사람들이 있었기에 가능했다. 결국 사람이다.

인생은 어차피 혼자 살아가는 것이라고도 한다. 일견 스스로 사는 것이 인생이지만, 자신의 심지를 잘 만들어가면서 사람들과 더불어 사는 의미를 찾아야 하는 것이 곧 인생이다. 나 자신을 강인하게 만들되 주변의 멋진 사람들과 함께 세상을 밝히는 빛이 되는 삶을 살아야겠다.

할리우드 문을
Do, Dream

대한민국 배우로 들어서다

꼴피어야 할 것은 꼴 피운다. 어떠한 환경에서도

출발, Departure 2: 웰컴 투 아메리카

미국으로 향한 두 번의 여정엔 항상 긴장과 설렘이 공존해 있었다. 조심해야 할 부분이 많았고 익숙하지 않은 나라여서 늘 불안한 마음도 있었다. 잘못 걸리면 추방될 가능성이 있다는 이야기를 많이 들었던 탓이기도 하고, 뉴질랜드에서 어이없게 잡혀본 경험이 있기 때문에 더더욱 그랬던 것 같다.

세 번째 여정의 기분은 많이 달랐다. 난생처음 비자라는 것을 준비해서 가는 만큼 설렘만이 가득했다. 비자를 보여줬을 때 어떤 반응이 나올지도 궁금했다. 무엇보다 〈대부〉와 〈웨스턴애비뉴〉라는 두 개의 작품을 촬영하러 간다는 의미가 컸다. 시나리오를 잔뜩 챙겨 비행기에 오르는 기분이 전과는 다를 수밖에 없었다.

비행기 창문 너머로 보이는 서울의 도심부터 달라 보였다. 왜인지 모르겠지만 서울이라는 도시를 하늘에서 보니 슬퍼 보였다. 한 강을 끼고 나란히 들어서 있는 고층 건물들과 아파트들이 조금 안타까웠다. 너무 빼곡한 건물들 사이로 여유를 찾아볼 수 없었다. 그게 곧 내가 살고 있던 곳의 분위기이자 문화였다.

나를 믿어봐

이번 여정에도 형석 형님이 사준 책들과 함께했다. 그중 랠프 월도 에머슨의 《자기신뢰》의 머리말이 참 인상적이었다.

너를 자기 밖에서 구하지 마라.

출국하는 비행기 안에 나는 내 안에서 나를 찾을 것이라 다짐했다. 내게 두려움이 찾아와도 모든 것을 받아들이고 생각을 긍정적으로 전환해 내 안의 나와 타협해나갈 것이다. 두려움은 인간의 자연스러운 감정이니 절대 부정하지 않기로 했다. 두려움의 다른 말은 첫 경험의 설렘. 그러니 지금 두려움을 느끼더라도 새로운 곳에 대한 두근거림으로 바뀔지 모른다. 미국으로 향하고 있는 내가 바로 그러했다. 미국에 처음 갔을 때 느꼈던 두려움은 1년 만에 설렘으로 바뀌었다. 나도 장담할 순 없는 미래지만 미국으로 향하고 있는 여정이 너무나 즐거웠다. 정말 행복했다. 그리고 나 자신을 위해, 내가 사랑하는 사람들을 위해 성장할 것이라고 다짐했다.

나의 생각을 공개적으로 이야기하는 이유는 나의 소신과 다짐을 다시 한번 다지기 위해서다. 두 번째 여정 중에 '말하는 대로'를 듣고 펑펑 울었던 일을 기록한 것도 또 다른 성장을 위한 밑거름으로 삼기 위해서다. 내가 목표로 삼은 계획과 실천하는 과정을 기록함으로써 성장해야 하는 이유를 분명히 밝히고 또 다른 목표와 과정을 기록하는 계기로 삼기 위해서다. 이러한 과정을 반복하면서 어느 순간 나를 되돌아보면 한층 더 성장해 있는 나를 발견했다.

내 인생은 내 마음이 가는 대로 흘러가는 것. 내 운명은 내가 스스로 방향을 정하고 스스로 이끌어가는 것. 그러니 내가 나를 믿어야 주변 사람들도 나를 믿어줄 것이다. 나 자신에 대한 신뢰를 이야기한 기록들을 볼수록 가슴속이 더욱 뜨거워졌다.

그동안 나는 환경, 경제력, 시간적 여유 등이 나 자신을 가두고 있다고 생각했다. 하지만 세상은 결코 감옥이 아니다. 지금 돌이켜보면 나 혼자만의 생각으로 나를 제한하고 제약해 스스로를 상상 속 감옥에 가둔 것이다. 결코 누가 시켜서 그런 것이 아니다. 어쩌면 가장 빠져나오기 쉬운 감옥이었을지 모른다.

가끔 사람들은 쓸데없는 고집 때문에 힘들어하는 듯하다. 자신의 철학이자 신념이라는 이유로, 절대 변하지 않을 거라고 단정하며 살아간다. 하지만 나는 요즘 들어 그렇게 딱딱하게 살기보다 부

드럽고 유연하게 사는 것에 더 끌린다. 미국으로 가는 비행기 안에서도 조금은 유연한 배우가 되겠다고 다짐했다. 우선 연습만이 살길이었다. 이번에도 내 비행의 목표는 책을 다 읽진 못해도 최대한 읽는 것이었다. 그리고 한 가지가 더 추가됐다. 바로 〈대부〉와 〈웨스턴애비뉴〉 대본을 최소한 50번 이상 읽어보는 것이다. 아무래도 한국어 연기보다 영어 연기에 대한 암기가 제대로 돼 있어야 하기에 〈대부〉의 대본을 조금 더 많이 읽었다.

흔들어도 꺾이지 않는 마음

그렇게 책과 대본을 읽다 보니 어느새 미국의 산맥들이 보이기 시작했다. 구름의 경계선 위로 푸른 하늘과 선명한 달이 보였다. 정말 아름다웠다. 나의 새로운 출발을 화려하게 비추기보다 은은하게 식혀주는 기분이랄까. 이번에는 또 어떤 일들이 일어날지 기대됐다. 어떤 사람들을 만나고 또 어떤 일들이 찾아올까. 너무나 설렜다. LA에 도착할 때마다 보는 할리우드 사인도 나를 반기는 듯했다.

비행기가 LA 공항에 도착할 즈음, 사람은 세상의 먼지 같은 존재라는 생각이 들었다. 또 그런 사람들이 주체가 돼 꾸려가는 것이 사회라는 생각도 들었다. 사회에서 주체가 되려면, 입자가 큰 먼지가 되려면 나라는 존재에 대한 신뢰를 바탕으로 나만의 길을 가야

새로운 이름 헤이든 원

할 것이다. 그러다 보면 새로운 수많은 것들이 내 삶에 찾아올 것이고, 그리하면 그 모든 것들이 온전한 내 삶이 될 것이다. 하지만 결국은 작은 입자에 불과할 것이다. 허무하다면 허무하겠지만, 모든 인류의 인생이 그러하기에 내 삶에서 스스로의 가치를 지니며 살아가는 의미면 충분하지 않을까.

　나는 준비가 됐다. 새로운 것을 받아들일 준비가 됐고, 그것을 즐길 준비가 됐다. 나를 믿고 힘차게 한 걸음 한 걸음 나아갈 준비가 됐고, 그 과정에서 만난 사람들을 사랑할 준비가 됐다. 나에 대한 신뢰는 내 마음에서부터 시작된다. 아무리 흔들어도 꺾이지 않을 것이다. 그렇게 다짐하며 세 번째 여정을 시작했다.

좋은 책과 함께 좋은 시간을 보내고 도착한 미국. 그리고 드디어 기다리고 기다리던 세 번째 입국 심사. 이제는 나를 편하게 통과시켜줄 마음 좋은 사람을 만나게 해달라는 식의 눈치 게임은 필요 없었다. 드디어 내 차례가 왔고, 나는 출입국 관리소의 직원에게 비자와 출연 계약서를 꺼내 보여주며 가볍게 인사를 건넸다.

출입국 관리소의 직원이 나의 탤런트가 뭐냐고 물었다. 나는 배우라고, 한국의 배우라고 답했다. 그는 넷플릭스에 나오는 거냐고 물었다. 나는 아직 결정되진 않았지만, 그렇게 만들어낼 거라고 했다. 그는 살짝 웃으면서 꼭 찾아보겠다고 했다. 그러고는 말했다.

Wellcome to America

모든 시작의 순간을 즐겨라

이전과 달리 5분도 안 되는 간단한 인터뷰 심사를 마치고 대한민국의 배우로서 당당하게 미국에 들어오자 비자의 힘을 새삼 느끼게 됐다. 그렇게 고대하고 고대하던 미국에서의 세 번째 여정이 시작됐다. 이번 여정은 6월까지 매우 빡빡한 스케줄이 잡혀 있었다. 숙소를 구하기 전까지는 영호 형의 집에서 머물기로 했다. 나는 혹시 나중에 할리우드에서 살게 될지 모르겠다는 생각에 할리우드의 렌트비 시세가 궁금해졌다.

나는 라디오 코리아라는 사이트를 통해 방을 구했다. 한인들을 위한 구인구직 정보부터 다양한 정보를 찾아볼 수 있는 사이트다. 알아보면 알아볼수록 집값은 정말 비쌌다. 좋은 아파트들은 둘이서 셰어를 해도 1,800~2,000달러 정도를 서로 분담해야 살 수 있었다. 참으로 다른 세상이다. 수소문 끝에 나는 한인타운에 위치한 어느 주택의 셰어하우스를 구했다. 버스 정류장이 바로 근처라 위치가 너무 마음에 들었다. 촬영이 없는 날 하이킹을 쉽게 다닐 수 있다는 점이 너무 좋았다.

할리우드에서 꿈을 지켜가고 있는 한인들

한동안 시간을 보내고 두근거리는 마음으로 드라마 첫 리딩을 하기 위해 데종필름Dejong Film을 찾았다. 지난 오디션과 둘만의 만남 이후 몇 개월 만에 종유석 감독님과 재회를 했다. 감독님을 만나 얼마나 뜨겁게 끌어안았는지 모른다. 정말 너무나 반갑고 기뻤다. 짧은 포옹이었지만 그동안의 모든 시간이 눈 녹듯 씻겨 내려가는 기분이랄까.

감독님과 인사를 마친 후 드라마 팀 동료들과도 인사를 나눴다. 김종만 선배님도 있었다. 1년 전과 달리 O-1 비자를 받고 돌아온 나를 보고 선배님은 진심 어린 축하를 해주셨다. 나 같은 친구는 처음 본다면서 정말 대단한 일을 해낸 거라고 마음 깊이 축하해주셨다. 선배님 말고도 정민진 형님, 테리사 봄 김Theresa Bome Kim, 조시 종Josh Jong, 혜수 조Hesoo Cho, 이언 오Ian Oh, 태희 김Taehee Kim, 영호 형 그리고 로라까지, 정말 많은 한인 배우들을 할리우드에서 만났다. 그렇게 많은 한인들이 할리우드에서 배우의 삶을 키워가고 있다는 사실에 다시 한번 놀랐다. 리딩 전 가벼운 대화만 나눴는데도 그들 각자의 사연을 들어보니 정말 존경스러웠다.

그때 이곳이 할리우드임을 분명히 보여주는 또 한 명의 배우가 등장했다. 바로 오브리 밀러Aubrey K. Miller다. 사실 나는 그날 오브리 밀러를 처음 봤다. 그녀는 미국 내에서 이미 굉장히 유명한 스타였다. 디즈니에서 방영하는 드라마 〈저스트애드매직Just add Magic〉의 주인공이자 에미상EMMYS에 노미네이트될 정도로 좋은 연기를 펼치고 있는 배우다. 우리나라로 치면 고아성 선배님 정도라고 할 수 있다. 또 오브리 밀러는 BTS를 계기로 K-문화에 관심을 갖게 된 팬이자 LA 한국대사관 홍보대사로서 이미 한국을 사랑하는 할리우드 배우로 유명했다. 그런 배우를 한 작품에서 만나게 해준 K-문화에 감사를!

디즈니의 주인공급 배우까지 참여한 작품 〈웨스턴애비뉴〉의 리딩에 앞서 우리는 배우와 스태프가 한 명씩 자기소개를 하는 시간을 가졌다. 드디어 나도 사람들 앞에서 내 소개를 하게 됐다.

헤이든   Hello, I'm Hayden Won. Nice to meet you guys. I was only Korean actor, but now I became an Korean actor and Hollywood actor too. I'm so glad to work with you guys. It's my honor. Let's make an amazing journey. Thank you guys.

안녕, 나는 헤이든 원이라고 해. 반가워. 나는 한국 배우에 불과하
지만, 이제는 한국 배우는 물론, 할리우드 배우가 되려고 해. 너희
들과 함께 작업하게 돼서 정말 기쁘고 영광으로 생각해. 우리 함께
어메이징한 여정을 만들어보자. 고마워.

이제 정말 시작이라는 생각이 들었다. 대한민국의 배우이자, 할
리우드 배우라고 소개하는 자신이 부끄럽긴 했지만, 그래도 영어
로 자기소개를 하고 있는 내 모습을 보며 정말 많은 것이 바뀌었다
는 것을 체감했다.

헤이든   I think I deserve it. No, I mean we deserved it!
난 충분히 자격이 있다고 생각해. 내 말은 우리 모두 그럴 수 있
다고.

자기소개를 마친 우리는 테이블 리딩을 시작했다. 배우들과 처
음으로 호흡을 맞추는 이 시간은 나 혼자 대본을 읽으며 상상 속에
서 구현했던 각자의 역할에 숨을 불어넣기 시작하는 순간이다. 가
장 설레는 순간이며 가슴속에서 몽글몽글함이 느껴지는 기분 좋
은 순간이다. 그렇게 서로의 목소리와 마음을 담아 대본을 읽다 보
면 이때 작품에 대한 그림도 어느 정도 그려지기 시작한다.

〈웨스턴애비뉴〉의 대본을 읽으면서 참 많은 생각이 들었다. 할리우드에 와서 직접 그들의 삶을 보고 듣고, 그들의 삶이 녹아 있는 작품을 읽고 있으니 지구 반대편에서 살아온 한인들의 삶이 온전히 느껴지는 듯했다. 역동적인 장면은 없어도 좋은 이야기를 전달할 수 있겠다는 생각이 들었다. 첫 리딩이 끝나고, 다음 리딩을 기약하고 돌아오는 길에 수많은 별들을 보며 내게 이런 순간을 선물해줘 정말 감사하다는 생각이 들었다. 이 글을 쓰는 순간에도 그때의 기록이 새록새록 난다. 다들 보고 싶고 그립다.

내게 어메이징한 여정을 선물해준 사람이 또 있다. 영화 〈대부〉의 앨버트 감독님이다. 스크립트 전체가 영어로 돼 있는 영화 〈대부〉야말로 나에겐 엄청난 도전이었다. 촬영 전 나와 앨버트 창 감독님, 그리고 강 김Kang Kim 형은 부에나 파크의 촬영장에 만나 리허설을 했다.

한국에서 미리 줌 미팅을 통해 호흡을 맞췄던 덕분에 강 형을 직접 만났을 때 정말 너무나 반가웠다. 형들과 부에나 파크에서 리허설을 하면서 합을 얼마나 맞췄는지 모른다. 영화 신의 대부분이 한 로케이션에서 일어나기 때문에 호흡을 유지하며 연기하는 것이 중요했다. 그 많은 대사의 흐름을 강 형과 주고받고 두 사람에게 발음의 디테일을 배우며 더욱 막중한 책임감이 들었다. 지금 생각해보니 원 포인트 공짜 영어 레슨을 받은 것이나 마찬가지였다.

3일 정도 〈대부〉를 촬영했는데 나를 제외하고는 모두가 미국인이었다. 정말 할리우드에서 연기를 하고 있다는 생각이 들었다. 특히 촬영장에 들어설 때마다 스태프들이 "Yo, What's up. How are you doing?" 혹은 "Bro, How are you, did you have a breakfast?" 라며 가벼운 포옹과 함께 인사를 나누는 것이 인상적이었다. 감독님에게도 하이파이브를 나누며 "What's up bro, how is your condition today? Is it good?"이라고 물어보는 바이브가 너무 좋았다. 우리나라에서는 정말 상상도 할 수 없는 일이 이곳에서는 아무것도 아니라는 사실이 놀라웠다. 그렇게나 다른 환경에서 살아가고 있다는 것을 느낄 수 있었다.

그렇게 나는 3일 동안 온 신경을 집중해 '박Park'이라는 역할을 연기하면서 너무나 행복했다. 너무 힘이 들어가지 않도록 힘을 빼야 하고, 상대방의 대사며 감독님의 디렉션까지 잘 듣고 느껴야 한다는 생각도 들었다. 멋진 세트를 열심히 만들어준 스태프들 앞에서 그들을 실망시키고 싶지도 않았다. 한국어로 연기할 때보다 100배는 더 집중했던 것 같다. 3일이라는 시간이 어떻게 흘러갔는지조차 모를 정도다. 앞으로 한국어 연기할 때도 이렇게 집중해서 해야겠다고 생각했다. 더 집중할 수 있는 나를 발견한 기분이랄까.

한국 현장과 할리우드 현장이 정말 다르다고 느꼈던 부분은 바로 칭찬을 하는 문화다. 할리우드의 모든 현장을 알 수는 없지만 적어도 〈대부〉의 촬영 현장에서는 모든 스태프가 칭찬을 아끼지 않았다. 한 컷을 마치고 나면 촬영 감독님이나 다른 스태프들이

"Amazing, killed it!"이라면서 엄지를 치켜세워주는 등 좋은 분위기를 만들어줬다. 그런데 내 생각과 다르게 스태프들의 빠른 퇴근을 위한 것이었다면? 아무렴 어떠한가. 행복했으면 됐지.

그렇게 나는 3일 동안 '박' 역할에 몰입해 〈대부〉의 팀원들과 행복한 촬영을 마쳤다. 모두 옆에서 계속 도와줬던 앨버트 감독님과 강 형 덕분이다. 나는 이렇게 또 미국에서 내 형제들을 만날 수 있었다. 정말 좋은 형들이었고, 가족이 된 기분이었다.

〈대부〉의 촬영을 잘 마치고 나니, 〈웨스턴애비뉴〉의 '카일' 역할을 잘 연기할 수 있을 것 같았다. 새로운 역할에 다시 집중해 대사를 외우고 장면을 상상하느라 많은 에너지를 쏟았지만 그보다 더 행복할 수는 없었다. 영어로 연기하는 순간도 너무나 행복했다. 할리우드 작품에서 역할을 맡은 것도 행복했고 무엇보다 토종 한국인이 코리안 아메리칸과 유학생을 연기하고 있다는 사실에 너무나 기뻤다.

드디어 〈웨스턴애비뉴〉의 첫 촬영에 들어갔다. 〈대부〉의 촬영 현장과는 다른 분위기였다. 〈웨스턴애비뉴〉의 현장은 한인들의 비중이 조금 높았지만, 에미상에 노미네이트된 촬영감독 알렉산더 버그만Alexander Bregman의 팀과 오디오 감독 애시Ash가 함께해 드라마를 빛내줬다. 그리고 다인 역할을 맡은 테리사 봄 김 배우와 호흡을 맞췄는데 정말 너무 재미있게 촬영을 했다. 봄이는 교포 2세인데 한국말을 정말 잘해서 놀랐다. 나보다 더 잘할지 모른다는 생각까지 들었다. 물론 파트너로서도 연기를 잘해주는 봄이와 호흡을 맞추니 더욱 좋았다.

행복했던 첫 촬영의 컷 사인을 듣고 나니 종유석 감독님과 만나 캐스팅 이야기를 나누고 비자 준비를 마치고 카일을 연기하는 순간까지 주마등처럼 스쳐 지나갔다. 모든 과정이 너무나 영화처럼 느껴졌다. 그리고 한 책에서 본 구절이 생각났다.

지금 이 인생을 다시 한번 완전히 똑같이 살아도 좋다는
마음으로 살라.

내게 다시 한번 지금까지의 과정을 다시 겪으라고 하면 난 주저 없이 그럴 것이다. 할리우드에 도전하길 천번 만번 잘했다는 생각이 들었다. 그날 퇴근 후 집에서 마신 버드라이트와 타코를 잊을 수가 없다. 꿀맛 같은 밤이었다.

할리우드 바이브 - 순간을 만끽하라

하루는 LA의 토렌스비치라는 해변에 있는 스튜디오에서 촬영을 마쳤다. 우리 촬영팀은 세상에서 가장 아름다운 스타벅스로 꼽히는 곳에 모두 모여 커피 한잔을 마시면서 작품에 대해 이야기를 나

새로운 시작, 새로운 인연

눴다. 따사로운 캘리포니아의 햇살을 맞으며 커피를 마시다가 누군가 피크닉을 제안했고 그렇게 우리는 마트와 버거집에 들러 음식을 포장한 뒤 '우정의 종각'이라는 곳으로 향했다. 언젠가 영호형과 조깅했던 곳인데 해안가를 따라서 절벽과 잔디밭이 펼쳐져 있어 피크닉하기에 제격인 장소였다.

모든 배우와 스태프가 자리를 펴고 앉아 음식과 맥주를 즐겼다. 따사로운 캘리포니아 햇살을 맞으며 함께하는 동료들과 각자의 삶과 연기에 대해 이야기를 나눴다. 캘리포니아의 오렌지빛 노을이 우리를 비추고 있었다. 절벽 위에 서서 노을을 바라보던 순간, 지금을 잊지 말자는 말과 함께 폴라로이드 사진에 새겨진 행복한 웃음들이 지금도 눈앞에 선하다.

촬영 중간에 이틀 정도 휴가를 즐기기도 했다. 팀원들과 함께 무엇을 할지 고민하다 시간이 되는 배우들끼리 디즈니랜드에 가기로 했다. 미국에 여행 오면 꼭 한 번씩 가본다는 디즈니랜드를 롯데월드처럼 갈 수 있다니 얼마나 좋은 기회인가.

나는 매년 디즈니랜드에 간다는 최고의 가이드 봄이, 혜수와 함께 디즈니랜드에 가기로 했다. 어린 시절 일요일 아침마다 만화로 보던 디즈니의 성을 직접 눈으로 보자 동심으로 돌아간 기분이었다. 우리는 아침부터 저녁 11시까지 디즈니랜드의 곳곳을 모두 돌아보고자 했다. 하지만 오판이었다. 디즈니랜드는 하루 종일 돌아다녀도 모두 볼 수 없을 만큼 넓은 곳이었다.

〈웨스턴애비뉴〉를 찍는 동안 배우들과 재미있게 일도 하고 중간중간 휴가를 즐기며 내 생애 가장 행복한 시간을 보낸 듯하다. 즐거운 일도 많았지만 작품을 찍는 내내 한인들의 절실한 삶을 이해하게 된 것이 마음에 남는다. 처음에는 미국이라는 나라에 살고 있는 사람들이 부럽기만 했다. 하지만 미국이라는 나라에서 기반을 다지기 위해 겪어온 사연들을 들어보니 한국에만 있었던 나는 절대 알 수 없는 이야기들이 너무나 많았다.

무엇보다 이민자들의 삶을 연기하면서 정말 많은 것을 새롭게 알게 됐다. 그리고 그들의 삶을 존경하게 됐다. 말 한마디 통하지 않는 나라에서 차별을 받으며 주류에 속할 수 없었던 사람들의 이야기를 시청자들이 본다면 간접적으로나마 한인들의 마음을 이해하는 계기가 되지 않을까 하는 생각도 들었다.

〈웨스턴애비뉴〉라는 작품이 미국 할리우드에서 최초로 만들어지는 한인들의 이야기인 만큼 선례가 없는 그 과정이 녹록치 않다는 것을 지금의 나는 누구보다 잘 알고 있다. 하지만 첫 번째 걸음을 내디뎌야 두 번째 걸음을 내디딜 수 있다는 사실을 잊지 말아야 한다. 그렇게 한 달의 시간 동안 새로운 도전을 함께해준 이들이 있어 무엇보다 영광이었다. 이방인이라 할 수 있는 나를 따뜻하게 받아주고 격려해준 이들이 있었기에 정말 행복하게 촬영할 수 있었다. 일도 일이지만 정말 최고의 추억을 선물받은 것 같아 너무나 감사하다.

나는 〈웨스턴애비뉴〉의 촬영을 마치고 모든 사람에게 감사의 마음을 전하고 싶었다. 고민 끝에 한 사람 한 사람을 생각하며 손편지를 준비했다. 모든 스태프에게 편지를 쓰면서 그동안 내가 느꼈던 그들의 노력들을 다시금 돌아볼 수 있었다. 그리고 그들의 열정을 내 가슴에 담을 수 있었다.

정말이지 촬영하는 내내 너무나 행복했다! 아름다운 우리들의 미래를 위해선 다시는 돌아오지 않을 지금의 이 순간을 만끽하는 것이 삶의 진리가 아닐까 라는 생각을 해본다. 카르페디엠!

Enjoy your moment.

I enjoyed my moments with them.

Thanks for my team. Love you guys.

순간을 즐겨라.

나는 그들과 함께 나의 순간들을 즐길 것이다.

우리 팀에게 고맙다. 사랑해요, 모두

Kyle and Park 그리고 헤이든 원

VACATION – 말리부를 가다

한창 〈웨스턴애비뉴〉을 촬영하던 어느 날. 배우들과 함께 한인타운의 맥줏집에 모였다. 촬영이 얼마 남지 않았을 때라 여행에 대한 이야기가 나왔다. 나는 여행에 큰 가치를 두는 사람이기에 배우와 스태프 모두 함께 여행을 가보면 어떻겠냐고 물었다. 동시에 단순히 놀러가기보다 재미있는 명분이 있으면 좋겠다는 생각이 들어 내가 상을 받은 적이 있는 예천국제스마트폰영화제에 다큐멘터리든 단편이든 출품을 해보자고 제안을 했다. 우리가 함께 미국을 놀러 다닌 이야기도 좋고 영화를 따로 만들어도 좋을 것 같았다. 배우도 스태프도 촬영 장비도 있고, 무엇보다 멋진 캘리포니아 풍경이 있으니 창작을 하기에는 최고의 조건이었다. 팀원들도 모두 좋다고 했다. 그렇게 우리는 말리부로 창작 여행을 떠났다.

아티스트들이 모이니 아이디어가 무궁무진하게 나왔다. 특히 종만 선배님, 선민 감독님, 나를 주축으로 많은 회의를 했다. 종만 선배님은 〈웨스턴애비뉴〉 촬영 중 각자 느낀 '발견discovery'이라는 주제로 인터뷰를 담아보면 어떻겠냐고 하셨다. 내 삶의 발견이라니, 너무 좋은 주제였다. 우선 우리는 무작정 찍어보기로 했다.

말리부로 가는 길, 웅장한 캘리포니아의 산맥들을 바라보며 감탄했다. 정말 미국은 가는 곳마다 다른 매력들을 갖고 있어 신기할 따름이다. 말리부크릭주립공원Malibu Creek State Park을 지나자 드넓은 바다가 펼쳐져 있었다. 신나는 음악과 함께 풍경을 바라보니 저절로 환호성이 터져나왔다. 시원한 말리부의 바람을 맞으며 우리는 그 순간을 만끽했다.

우리는 말리부 해변에서 다시 언덕을 올라 꼭대기에 위치한 최고의 단독 하우스에서 묵었다. 숙소 뒤로는 산이 펼쳐져 있었다. 이곳에서 이틀을 묵을 생각을 하니 희열이 느껴졌다. 내 생애 최고의 장소라고 해도 손색이 없을 정도로 아름다웠다.

드라마를 마치고 동료들과 작품에 대한 이야기를 나누며 서로에 대한 감정을 더욱 알아갈 수 있는 기회는 그리 흔치 않다. 게다가 이곳은 말리부가 아닌가. 이런 것이 할리우드 배우의 라이프 아닐까 싶었다. 가끔씩 누릴 수 있는 이런 행복을 위해 열심히 또 달리고 싶다는 동기부여가 됐다. 나는 노을을 즐기면서 소파에 누워 말리부 해변을 한없이 바라봤다. 말 많은 나도 가끔은 혼자 있는 시간이 필요한 법이다. 사실 언제부턴가 혼자 있는 시간을 즐기는 횟수가 늘어나는 듯하다. 그렇게 나는 시원한 맥주를 마시며 곧 펼쳐질 아름다운 말리부 노을의 연주를 기다렸다. 그날따라 모든 순간이 행복하게 느껴졌다. 이윽고 동료들이 하나둘 도착하고 하늘이 서서히 핑크빛으로, 오렌지빛으로 물들면서 말리부 석양의 연주가 시작됐다. 캘리포니아의 매력을 여실히 느낄 수 있는 시간이었다. 우리는 아름다운 말리부 해변의 그러데이션을 바라보며 더욱 깊은 이야기를 나눌 수 있었다.

해가 지고서 우리는 본격적으로 우리의 또 다른 목적인 발견에 대한 촬영을 하기로 했다. 우리의 연출 의도는 리얼과 페이크가 공존하는 페이크 다큐멘터리fake documentery 느낌이었다. 동료들에게 촬영임을 알리지 않고 인터뷰 형식으로 각자가 발견한 순간에 대한 이야기를 나눴다. 〈웨스턴애비뉴〉 촬영을 통해 각자 무엇을 발견했는지에 대한 생각을 들을 수 있었다.

먼저 정민진 형님이 발견한 순간을 이야기했는데, 그 내용이 참좋았다. 민진 형님은 한국에서도 오랜 활동을 하고 미국으로 건너와 정착한 배우다. 형님은 촬영하는 동안 "비가 계속 오는 것 같지만 해는 반드시 뜬다."는 것을 발견했다고 했다. 그리고 지난 15년 동안 연기를 하면서 연기를 즐기지 못한 것에 대한 후회와 다시 연기를 할 수 있는 기회가 온 것에 대해 감사한다고 말했다. 형님이 오랜 시간 연기를 해왔음에도 불구하고 단 한 번도 기쁘다고 생각했던 적이 없었다는 것이 놀라웠다. 형님은 정말 연기를 그만두고 싶었을 때 〈웨스턴애비뉴〉라는 작품을 만났다고 한다. 이번 기회를 통해 자신이 스타로 성공하지 못하고 알려지지 않아도 상관없으니 자신이 좋아하는 일을 하면서 지난 15년 동안 단 한 번도 놀아보지 못한 것이 한이 되지 않도록 놀아보자는 마음을 먹었다고 한다. 그러면서 지인들에게 이번 촬영의 모니터 영상을 보여줬는데 주변에서 형님의 얼굴이 너무 행복해 보였다는 반응을 들었다면서 정말 행복했다고 했다. 그리고 자신이 평생 이 일을 해야 한다는 것을 재확인했다고 했다.

민진 형님의 말을 들으며 많은 생각이 들었다. 과연 나는 배우 생활을 하면서 자유로웠을까, 편안했을까? 내 노력이 진정한 편안함과 자유로움을 가져다줬을까? 어려운 주제이지만 방향성만큼은 내게 큰 울림을 준 듯하다. 비단 배우라는 직업뿐만 아니라 각자의 삶을 살고 있는 모두에게 적용되는 말인 듯했다.

나는 각자가 선택한 방향성이 각자의 놀이터가 되길 바랐다. 여러 가지 테마가 모여 하나의 놀이공원을 조성하듯 각자의 자리에서 자신을 위한 삶을 살면 좋겠다는 생각이 들었다. 나 자신이 좋은 에너지를 갖고 있어야 내 주변으로 좋은 에너지를 전달할 수 있는 법이다. 그래야 다시 내가 좋은 에너지를 돌려받는 긍정의 선순환이 이뤄질 것이다.

또 다른 배우 이언 오 형은 지금까지 여러 공동 작업을 해왔지

276

만 함께 모여 창작을 해내는 과정 하나하나가 모두 예술이라는 생각을 했다고 한다. 그리고 사람들과 함께 작업할 때 얼마나 행복할 수 있는지에 대해서도 깨달았다고 한다. 이언 형도 공간의 자유로움에 대해 이야기했다. 그리고 책임감도 중요하지만, 〈웨스턴애비뉴〉를 촬영하면서 서로에 대한 믿음과 신뢰가 중요하다는 것을 깨달았다고 한다. 배우와 배우 사이의 신뢰, 배우와 스태프 사이의 신뢰가 없으면 할 수 없었던 작업이라고 했다.

이언 형뿐만 아니라 모두에게 〈웨스턴애비뉴〉는 정말 감회가 새로운 작품이라고 했다. 한인들이 주축이 되고 주인공인 작품인 데다 백인 배우들이 곁에서 빛을 내주는 역할을 한 것만으로도 충분히 역사적인 순간을 경험할 수 있었다고 한다. 실제로 한인 배우들이 메인이 되고 백인 배우들이 엑스트라 역할을 맡았던 신이 있었다. 나는 그날 이언 형의 눈에서 눈물이 글썽이는 것을 봤다. 형님은 지난 10년간 자신이 서 있던 조단역의 위치를 벗어나 주연의 위치에 서 있던 그날을 정말 잊을 수 없을 것이라고 했다. 한국에서 배우 생활을 했던 나로서는 그들의 마음을 온전히 헤아릴 수는 없겠지만 그들의 눈을 통해 마음을 들여다본 듯했다.

동료들이 말하는 발견의 순간을 들으며 정말 행복했다. 누군가에게는 자신의 한계를 뛰어넘는 도전의 순간이었다. 또 지금까지 발견하지 못했던 한계를 뛰어넘는 나 자신을 발견하는 순간, 부족한 나를 발견하는 순간, 아직까지 만족스럽지 않은 발견의 순간, 제일 사랑하는 사람이 행복해하는 순간을 지켜보는 기쁨을 누리는 발견의 순간, 사람을 발견하는 순간, 사랑을 발견하는 순간도 있었다.

나는 인터뷰 영상을 찍으면서 사람이라는 하나의 공통점을 찾았다. 모두 사람을 통해 나 자신을 돌아보고 있었다. 또 사람과 함께함으로써 나 자신의 한계를 뛰어넘는 용기를 가져볼 수 있었고, 부족한 나를 잘 지탱하며 이겨낼 수 있었고, 끝까지 함께할 수 있었다. 또 사랑하는 사람의 행복한 순간을 통해 행복한 나를 발견할 수 있었고, 사람을 통해 사람을 발견할 수 있었고, 사람을 통해 사랑을 느낄 수 있었다. 모든 발견에는 사람이 있었다.

나는 말리부에서 사람을 사랑할 줄 아는 사람들과 함께 2박 3일의 시간을 보내는 행운을 누렸다. 그리고 좋은 사람들과 아름다운 별들을 흩뿌린 듯한 말리부의 밤하늘을 보며 아름다운 시간을 보냈다.

우리가 살고 있는 곳이 곧 별이고, 우리가 곧 별이다. 별이 자체 발광하듯 스스로 빛나는 배우들을 스타라고 부르기도 한다. 스타가 하나라면 주변을 밝힐 수 없을 것이다. 하지만 주변의 다른 스타들과 함께 빛을 낸다면 세상을 밝힐 수 있지 않을까. 별이 되어 주변을 비추며 살고 싶은 우리는 스타즈가 되고 싶다고 다짐했다. 그리고 우리를 한 번 더 위로했다. 괜찮아 우리 잘하고 있어.

나는 말리부에 가기로 마음먹었을 때 멋진 풍경과 여행의 기록들을 나열하고 싶었다. 하지만 말리부에서 찍은 인터뷰 영상을 보면서 가장 중요한 것은 우리 자신을 끊임없이 발견하는 삶이지 않을까라는 생각이 들었다. 그리고 내가 발견한 것은 사람들을 통해 바라본 그들의 삶이었다. 솔직히 난 그저 내 주변의 사람들에게 감사하다. 함께 힘든 시간을 보냈지만 내가 몰랐던 이야기들을 들려준 그들에게 감사하다. 그들의 고민과 삶의 이야기들을 들으며 설명할 수 없는 이상한 기분이 들었다. 그러면서 동시에 나 또한 행복해하는 나를 발견할 수 있었고 자랑스러웠다. 이날 말리부에서 찍은 영상 중에는 1년 뒤의 내게 쓴 편지도 담겨 있었다.

1년 뒤의 헤이든에게.

어… 일단은 항상 밝게 지금도 살아가고 있는 나 스스로에게 고마워하고, 감사해하고, 그게 비단 나 혼자만이 아닌 내 주변 사람들 덕분이라는 것을 잊지 말고, 그 사람들과 이 아름다운 광경을 함께 보러 오기 위해 내가 조금 더 노력하고 즐기고, 그 순간들이 쌓여 오늘의 이런 멋진 날이 다시 만들어질 수 있기를. 그리고 내가 지금 그리고 있는 그곳에서는 내가 지금 생각나는 사람들과 함께할 수 있기를. 1년 뒤엔 더 멋진 놈이 될 거라는 걸 확신하기 때문에, 그렇게 그냥 계속 살아라! 가자!

1년 뒤 영상을 본 나는 이렇게 말하고 싶다.

야, 진짜 항상 밝게 긍정적으로 계속 살아오다 보니까, 그리고 사람들에게 감사해하는 마음을 더 중요하게 가져가고 진심으로 그것에 대해 감사하며 살다 보니까, 지금 이렇게 너에게 답장을 쓰고 있다. 근데 그게 편지지가 아니라, 우리의 책이다. 우리의 노력의 시간들이 만들어준 이 순간을 1년 전 너에게 선물한다. 역시 네 말대로 더 멋진 사람이 될 거라는 확신 덕분이었나 보다. 근데 더 멋있어진지는 모르겠어. 근데 진짜 멋진 사람이 되고 싶어. 속이 멋진 사람. 1년 전의 다짐과 똑같이 항상 곁에서 응원해준 사람들의 사랑을 잊지 말고 보답하며 살자. 내친김에, 1년 뒤의 내게 또 한마디 해보지 뭐. 1년 뒤 헤이든, 또 얼마나 성장해 있을지 모르겠지만, 초지일관하자. 초심을 잃지 말고, 최선을 다해 진실을 얘기할 수 있는 사람이 되고, 어떤 상황이 오건, 너의 말을 하려고 하기보다 더 들으려고 하고 경청하는 사람이 되자. 그리고 무슨 일이 생기든 너의 자존심에 파고 들어가기보다 먼저 손 내밀 수 있는 사람, 진심 어린 사과를 할 수 있는 사람이 되자. 지금도 잘하고 있지만, 앞으로는 더 멋있게 살아가리라 솔직히 믿어 의심치 않는다.

너 최고야! 잘하고 있어. 책 쓰는 거 어려울 텐데, 이것도 잘하고 있고, 배우라는 직업을 갖고 앞으로의 촬영들도 너답게 최선을 다해서 멋지게 표현해낼 거고, 다음 주에 촬영이지만 진원 형님이랑 함께하는 첫 작품 〈러닝메이트Running Mates〉도 잘해낼 거고 〈Between 1 and 2〉도 잘할 수 있겠지? 교포 역할인데?! 아 몰라. 너 최고야! 안녕! 사랑한다 고마워!

별똥별을 보려고 했다, 보이지 않았다.
별똥별을 봤다, 기대하지 않았다.
기대하지 않았을 때 보이나 보다, 모든 별들의 순간은.

이번에 발견한 순간: 사람, 삶, 정 , 사랑, 놀이터, 희망
WE DESERVED IT!

할리우드 액팅 스튜디오 – 멈추는 순간, 꿈은 사라지고 만다

〈웨스턴애비뉴〉 촬영이 끝나고 귀국하려고 했던 내 일정이 늦춰졌다. 〈도산 안창호〉라는 뮤지컬에 캐스팅되어 조금 더 머물 수 있게 된 것이다. 두 달여의 시간 동안 무엇을 하면 좋을까 생각하던 끝에 〈웨스턴애비뉴〉 촬영 중 봄이랑 대화를 하며 알게 된 할리우드 액팅 스튜디오Hollywood Acting Studio가 떠올랐다. 할리우드에서는 배우들이 끊임없이 액팅 스튜디오를 다닌다고 했다. 나도 도전해보면 좋을 듯해 할리우드에서 유명한 그레이엄 쉴즈 스튜디오Graham Shiels Studio를 추천받았다.

사실 나는 지금까지 연기를 정식으로 배워본 경험이 없었다. 연기자로서 말하는 방법이나 카메라 앞에서 표현하는 방법들에 대해 배우긴 했지만 연기법을 정식으로 배워본 경험은 없었다. 영어 공부도 하고 현지 배우들의 연기도 배워보자는 마음으로 참관 수업을 등록했다.

솔직히 고민이 많았다. 금전적인 문제나 시간적인 문제도 그렇고 여러 가지가 마음에 걸렸다. 하지만 모든 핑계를 내가 만들어내고 있다는 기분이 들었다. 나 스스로를 벽에 가두는 느낌이 들었다. 그러자 나만의 변명을 뛰어넘어야 한다는 생각이 들었다.

참관수업 – 들어도 들어도 적응이 안 되는 영어

참관 수업을 들으러 간 날, 정말 많이 긴장이 됐다. 우선 내가 과연 수업 내용을 알아들을 수 있을지 걱정이었다. 〈대부〉를 촬영하면서도 〈웨스턴애비뉴〉를 촬영하면서도 전혀 문제될 것이 없다고 생각했는데, 실은 그게 아니었나 보다.

참관 수업은 정식 클래스에 참여해 1시간을 무료로 참관하는 방식으로 진행됐다. 수업을 참관하는 아시아인은 나 혼자였다. 모두 백인이나 흑인 배우들뿐이었다. 그리고 누구 하나 한국말로 통역해주는 사람 없이 영어로 진행됐다. 수업에서 영어 듣기만 해도 엄청난 도전이라는 생각이 들었다.

참관 수업에 들어가자 긴장이 됐다. 우선 영어가 하나도 들리지 않았다. 50퍼센트도 들리지 않는 듯했다. 하지만 〈웨스턴애비뉴〉동료 배우들도 나와 같은 상황을 이겨냈을 거라 생각하며 수업에 집중을 했다. 나는 수업에 참여한 배우들이 준비해온 모놀로그를 보며 과연 나도 저들처럼 연기를 잘 표현할 수 있을지 의심이 들었다.

참관 수업을 마치고서 상담을 하는데 엄청 고민을 하고 있는 나를 발견했다. 내가 정말 잘할 수 있을지, 영어를 하나도 못 알아들으면 어쩌지. 어느새 나는 상담원에게 자신 없는 듯한 모습을 보이고 있었다. 그런데 상담원은 자신과 대화를 하고 있는 나를 보며 액팅스튜디오에서도 잘할 수 있을 거라고 용기를 줬다.

나는 마음을 고쳐먹었다. 할리우드라는 새로운 무대에 경험을 쌓기 위해 온 마당에 조금 창피한 게 뭐 대수인가. 〈대부〉를 촬영할 때도 영어 대본을 다 외워서 잘 마무리했고, 〈웨스턴애비뉴〉에서도 오브리 밀러, 대릴 라슨 같은 배우와 호흡도 맞췄는데 액팅스튜디오 따위를 두려워할 필요는 없었다. 결국 나는 3주에 2시간씩 진행되는 필름 앤 드라마 카메라 액팅 클래스에 등록을 마쳤다.

액팅스튜디오 등록을 마치고 돌아가는 길에 나는 내 모습이 바보 같았다. 인생을 살면서 작은 언덕을 넘어갈 때마다 고민을 하는 내 모습을 자세히 들여다본 것 같았다. 하지만 무엇보다 이 여정의 끝에 서 있는 내 모습을 생각하면서 설렜다.

영어 즉흥 연기 - 하면 된다!

수업 첫째 날, 나는 두근대는 마음을 진정시키며 스튜디오로 들어 갔다. 스튜디오에는 소파가 여섯 개 있었는데, 어느 자리에 앉을지 부터 고민이 됐다. 나는 끝자리에 앉으면 수업 시간 내내 내가 묻 혀버릴 듯해 선생님의 바로 옆자리에 앉아버렸다. 이윽고 3주 동 안 함께할 같은 클래스 친구들이 하나둘 들어왔다.

한 백인 친구가 내 옆자리에 앉았고 우리는 가벼운 인사를 나누 고는 스몰토크를 했다. 그리고 다른 친구들과도 눈인사를 주고받 았다. 조금 후 클래스를 맡은 그레이엄 선생님이 나와서 연기 수업 에 대한 오리엔테이션을 진행했다. 나는 온 신경을 집중해 선생님 의 입 모양부터 눈빛까지 모든 동작을 캐치하려고 노력했다. 그리 고 한 명씩 나와서 자기소개를 시작했다.

한국에서는 상상도 못 할 자기소개의 부담감이 밀려왔다. 우리 나라에서도 긴장되긴 마찬가지지만 영어 수업은 조금 차원이 다 른 느낌이었다. 나는 간단하게 내 소개를 마쳤다. 그리고 앞으로 진행할 수업에 대해 설명을 들었다. 그런데 갑자기 그레이엄 선생 님이 수업 자료가 아닌 새로운 대본을 가지고 즉흥 연기를 해보라 고 했다. 그 순간 너무 놀라 온 몸이 얼어붙는 듯했다. 그동안 영어 가 많이 늘었다고는 해도 즉흥 연기는 생각지도 못한 것이라 당황 스러웠다.

그레이엄 선생님은 10분의 시간을 줄 테니 랜덤으로 맺어준 파트너와 함께 2장으로 이뤄진 스크립트를 반복해서 연습하고 외워 오라고 하셨다. 7번째까지는 대본을 보고, 이후 10번째까지는 대본을 보지 말고 연습을 하고 나서 바로 발표를 시작할 거라고 했다. 한국어로도 10번 만에 대본을 외워서 연기하는 것이 힘든데 영어로 외워야 하다니. 나는 스크립트를 받아들자 엄청난 불안감이 밀려들기 시작했다. 게다가 나 혼자 망치는 게 아니라 파트너에게도 피해가 가게 생긴 것이다.

그레이엄 선생님은 나와 백인 여자 배우를 짝지어줬다. 나는 무엇부터 시작해야 할지 몰라 눈앞이 깜깜해졌다. 우선 내 불안한 마음을 파트너에게 충분히 설명하고 내가 해석하는 표현이 맞는지 확인하고 정확히 물어봐야겠다고 생각했다. 발표할 때 틀리는 것보다는 해석을 못하는 것을 알리면 덜 창피할 거라고 생각했다.

내 사정을 이야기하자 파트너는 친절하게 하나하나 설명을 해줬다. 내 표현에 대해서 확인을 받으며 우리는 하나의 신을 완성해 갔다. 내 인생에서 그때만큼 단시간에 집중을 해본 적이 있을까 싶다. 연습을 거듭해 8번째, 9번째가 되자 대본 없이도 대사를 치고 있는 나를 발견했다. 그리고 마지막 10번째, 모든 상황과 대사가, 그리고 상대방의 대사까지도 머릿속에 떠오르기 시작했다.

10분의 시간이 지나고 발표 시간이 다가왔다. 그런데 예상 외로 파트너가 대사를 까먹었고 내가 상황을 리드하면서 대사를 툭툭

던져주고 있었다. 역시, 하면 된다! 그렇게 나는 첫 번째 미션인 즉흥 연기를 첫 번째로 통과했다. 하나의 작은 언덕을 넘은 기분이었다. 파트너에게 정말 고맙다는 말을 하면서 남 모를 희열을 느꼈다.

쉬는 시간 이후에는 먼저 보내준 자료로 준비해온 연기를 발표하는 시간이었다. 나는 앞서 연기하는 친구들을 보면서 내가 해석한 것에 오류는 없는지 확인했다. 그리고 선생님의 설명을 자세히 보면서 부족한 것들을 채워나갔다. 그렇게 첫 번째 발표를 마쳤다. 등에는 땀이 한가득 흐르고 있었다. 그런데 놀랍게도 선생님이 내게 칭찬을 하셨다.

선생님   You did a great job. Good Hayden.

나는 엄청난 일을 해냈다는 기분이 들었다. 다른 이들에게는 아무것도 아닐 클래스가 내게는 엄청난 도전이었다. 한 번의 경험이 뭐 그리 대단하다고 이렇게 뿌듯한지, 내가 참 한없이 작아 보였지만 용기를 낸 나 자신에게 칭찬을 해주고 싶었다.

2인극 - 연기는 하모니

두 번째 클래스에는 2인극을 준비해오라는 미션이 있었다. 줌 미팅을 하든, 파트너를 따로 만나 연습을 하든 수단과 방법을 가리지 않고 대본을 외워 발표를 하는 것이었다. 그레이엄 선생님은 서로 연락할 수 있도록 이메일을 건네줬다. 나는 '페리'라는 역할을, 나머지 세 명의 여자 배우는 '제시'라는 역할을 맡았다. 대본은 스카이다이빙을 앞둔 코믹한 장면이었다. 나는 고민 끝에 용기를 내서 친구들에게 메일을 보냈다.

Hello, Tess, Brooke, Pamela.
How are you?
I'm Hayden Won who had a Graham acting class with you yesterday. Good to see you:) I got an E-mail which is a script we should act next class together. And they said, we have to do rehealser before start our class. So if you have a time could you let me know when you are availible? I prefer to meet in person at a cafe or park when I'm ready for my acting. Because it can be more feeling and knowing how to act each other than Zoom or facetime. But I can do on Zoom or facetime too. So please let me know when you are availble. We

are team number 2. So I think it's gonna be great to meet with all of our team mates too. We can help each other. But if we can't meet everyone, It's okay to meet each one. Just let me know :) We can make great harmony together. I'm so glad to act with you. Thank you so much ! See you soon wherever :)

*My availible times will be morning or afternoon till 6:00 pm around and my dayoff's only Tuesday for nextweek. I'm not good at speaking and writing in English, if there are any rude things, Please understand me. That's not my points that I wanna say. Thank you so much :)

안녕, 테스, 브룩, 패멀라.

안녕, 나는 어제 연기 클래스를 함께한 헤이든 원이라고 해. 반가워. 나는 우리가 다음 클래스에서 연기해야 하는 스크립트를 이메일로 받았어. 그들 말로는 수업 시작 전에 우리가 리허설을 해야 한다고 하더라. 그래서 만약에 너희들이 시간이 된다면 언제 괜찮은지 알려줄 수 있어? 나는 내 연기가 준비되면, 카페나 공원에서 직접 만나서 연기해

보는 걸 선호해. 줌이나 페이스타임보다는 우리가 어떻게 연기하는지 직접 알고 느낄 수 있으니까. 그런데 줌이나 페이스타임도 할 수 있어. 그러니까 가능하면 뭐든 얘기해줘. 우리는 2번 팀이니까. 모두 같이 모이면 좋을 것 같아. 서로를 도울 수 있으니까. 만약 다 같이 모이지 못한다면 각자 만나도 좋아. 우리는 좋은 하모니를 만들 수 있어! 너희들과 연기할 수 있어서 너무 기쁘다. 고마워! 곧 보자 :)
*내가 가능한 시간은 아침이나 오후 6시 정도까지, 그리고 다음 주 화요일에는 쉬는 날이야. 그리고 내가 영어를 잘 쓰질 못해서, 무례한 게 있다면 이해해줘. 그건 내 의도가 아니니까! 고마워.

나는 진심을 담아 한 자 한 자 적어가며 친구들에게 메일을 보냈다. 내 진심이 통한 듯했다. 한 친구가 줌으로 가능하다고 했고, 다른 두 친구는 직접 만나서 연습을 할 수 있다고 했다. 그래서 두 친구와 그리피스 파크에서 만나서 연기 연습을 하기로 했다. 혼자 달려서 오르던 그리스피스 파크에서 할리우드 배우들과 연기 연습을 하다니 믿기지 않았다.

따사로운 햇살이 내리쬐는 오후, 우리는 그리피스 파크에서 만났다. 클래스 친구들과 낙하산에서 떨어지는 신을 연기하는데 정말 재미있었다. 우리는 큰소리로 연기하다가 어떤 흑인 아줌마에게 혼도 나고 깔깔 웃어대면서 연습을 했다. 친구들도 내 연기를 보며 너무 재미있고 잘한다고 칭찬을 해줘 자신감이 더 붙었다.

수업 당일에 선생님은 연기에 앞서 세 가지 키워드를 제시하며 설명하기 시작했다. 그런데 그날따라 도무지 알아들을 수 없는 단어가 하나 있었다. 노트를 꺼내 메모를 하라고 하는데, 도대체 무슨 말인지 들리지 않았다. 옆자리의 친구들도 집중을 하고 있어 물어볼 수도 없었다. 그러다 잠깐 쉬는 상황이 생겨 용기를 내어 옆자리 친구에게 내가 듣지 못한 단어를 물어봤다.

하지만 여전히 들리지 않았다. 도저히 같은 단어를 세 번은 물어볼 수 없었다. 어쩔 수 없이 난 빈칸으로 남긴 채 수업을 들어야 했다. 그리고 제발 먼저 호명만 되지 않게 해달라고 빌었다. 그러면서 친구들이 발표하는 것을 보며 내가 못 알아들었던 빈칸을 유추하기 시작했다. 곧이어 친구들의 발표를 보니 순간적으로 떠오르는 문장이 있었다. 그렇게 빈칸에 내가 생각한 정답을 적어넣고 남들보다는 조금 느리지만 나만의 연기를 준비하기 시작했다.

그 빈칸을 유추했을 때의 느낌은 정말 짜릿했다. 내가 듣지 못한 단어와 함께 주어진 것도 즉흥 연기와 관련된 것이었다. 세 명의 대상에게 전화를 하면서 연기를 하되 선생님이 주제를 이야기하면 주제에 맞게 연기톤을 바꾸는 일종의 즉흥연기였다. 당시의 발표가 아직도 기억이 난다. 세 명의 전화 대상은 사랑하기 시작한 연인, 가장 친한 친구, 존경하는 인물이었다. 그리고 나는 그때 내가 가장 잘 표현할 수 있는 한국어로 연기를 해보면 좋겠다고 생각했다.

나는 먼저 사랑하는 연인을 상대로 영어 연기를 시작했다. 설레는 마음으로 내일 같이 산책을 하자고 제안하면서 굉장히 부끄럽고 수줍어하는 연기를 했다. 그리고 선생님이 보낸 신호에 맞춰 친한 친구에게 하는 연기로 바꿨다.

헤이든　형님! 네네, 저예요. 잘 지내십니까 행님? 아~ 저 지금 여기 할리우드 액팅 스튜디오에서 친구들 앞에서 한국말로 연기하고 있는데, 영어로 할 때는 진짜 무지하게 긴장됐는데, 지금 진짜 너무 편해요, 형님! 친구들은 무슨 말인지 하나도 못 알아듣는데 지금 이 상황이 되게 신기하면서 재미있고, 친구들도 엄청 좋아하네요. 아, 이렇게 편하게 연기를 하니까 저도 너무 좋네요. 그리고 존경하는 인물로 아버지를 하려고 했는데 세종대왕님으로 바꾸려고~.

때마침 선생님은 존경하는 인물로 대상을 바꾸라는 신호가 떨어졌다.

헤이든　Hello, Sejong the Great, I'm Hayden Won. It's my honor to talk with you a little moment. First of all, I would say thanks to you about created Korean, I felt our language power. Becuase Korean is only using from Korea. So I feel it's too special because I'm in the English acting class now, and I act in Korean in front of my class mates in Hollywood. It was awesome. I think these guys love it, you guys right?

안녕하세요, 세종대왕님. 저는 헤이든 원입니다. 당신에게 잠시나마 이야기할 수 있어 영광입니다. 먼저 한글을 창조해주셔서 감사하단 말씀을 드리고 싶어요. 저는 우리 언어의 힘을 느꼈어요. 한글은 오직 한국에서만 사용하니까요. 정말 특별하다고 느껴요. 제가 지금 연기 수업을 받고 있는데, 할리우드라는 곳에서 학급 친구들 앞에서 한국어 연기를 하고 있어요. 아주 최고입니다! 사람들이 또 좋아하는 거 같아요. 그치 얘들아?

선생님의 컷 소리와 함께 내 즉흥 전화 연기가 끝이 났다. 영어와 한글을 섞어가며 친구들 앞에서 연기를 하니 배우로서 어떤 언어를 구사할 수 있다는 건 굉장히 특별한 것일 수 있겠다는 생각이 들었다. 문법이 맞거나 틀리는 것은 중요하지 않았다. 연기를 통해 교감하는 것이 중요했다. 그리고 새로움의 힘이 배우로서 내 색깔을 만들어줄 수도 있을 거라는 생각이 들었다. 특히 한국어로 연기할 때는 아무런 준비 없이 즉흥적으로 연기할 수 있다는 사실에 정말 감사했다. 그렇게 또 하나의 단계를 넘은 기분이 들었다.

10분의 휴식 시간 후, 이제는 친구들과 준비한 2인극 발표를 하게 됐다. 우선 다른 친구들이 대본을 해석한 것을 보니 정말 재미있었다. 각자의 해석에 맞게 다른 색깔을 보여주고 있었다. 선생님의 코멘트를 보면서도 많이 배울 수 있었다. 특히 정답을 제시하기보다 방향을 잡아주고 배우가 표현한 것을 우선 인정해주는 분위기였다. 가능성을 열어두는 코칭 같았다.

내 낙하산 연기 때도 마찬가지였다. 미친 척하고 몰입해 연기를 했더니 선생님과 친구들이 모두 웃고 있었다. 함께 준비한 파트너와도 발표를 마치고 기쁨의 포옹을 나눴다. 나는 두 친구와 함께 연기를 했는데, 상대가 달라질 때마다 신의 느낌이 달라지는 것을 느꼈다. 연기를 주고받는 것에 대해 다시 한번 생각해보는 계기가 됐다. 선생님도 내 연기를 보시고는 칭찬을 해주셨다. 단, 카메라 액팅을 할 때의 시선 처리나 앵글 안에서 어떻게 연기하면 더 좋을지에 대해 이야기해주셨다. 역시 무엇이든 배워야 한다.

마지막 독백 – 나답게 연기하기

드디어 마지막 클래스 시간이 다가왔다. 매 클래스마다 고비를 힘겹게 넘겨왔다고 생각했는데, 어느덧 마지막 클래스라니 섭섭한 기분이 들었다. 마지막 수업에는 두 가지 과제가 있었다. 먼저 그레이엄 선생님은 두 가지의 라인을 제시했다. 그리고 다른 말이나 대사 없이 연기로 표현해보라고 했다.

1) "I have the listing right here. Would you like to see it?"

내가 리스트를 가지고 있어. 보고 싶어?

2) "Hell no! Get her to County--"

말도 안 돼! 카운티로 걜 보내.

두 번째 미션은 긴 독백이었다. 나는 일주일 동안 하나하나 디테일을 계산하면서 여러 가지를 분석하고 시도하며 준비를 했다. 수업 당일, 나는 첫 번째 미션에 대한 준비로 나만의 스토리 라인을 쭉 써서 감정과 상황을 그려낸 다음 하나의 신을 만들었다.

(어느 대저택, 늦은 밤. 몹시 지쳐 있고, 손목이 부러져 있고, 왼쪽 눈에 심각한 부상을 입었다. 바닥에 누워 고통을 절규하는 H. 고통스러워하며 힘겹게 이야기한다.)

H: I have a list, would you like to see it?

E: !!!

(힘겹게 벽에 몸을 기대는 H, 이곳저곳 찢길 듯한 고통. 성치 않은 손으로 안주머니에서 무언가를 꺼내는 H. 작은 메모지 한 장이다. 이게 맞나

는 듯 반응을 떠보는 H. 드디어 메모를 찾은 듯 E가 다가오려 할 때 메모

를 집어 삼켜버리는 H. 메모를 씹으며 비릿한 웃음을 지어 보인다. 종이

를 다 삼킨 후 입 안을 보여준 후 광기 어린 악마와 같은 웃음을 짓는다.)

'탕, 탕, 탕.'

(배와 가슴에서 피가 흘러나온다. 웃음을 잃지 않으려는 H.)

'탕.'

(머리 정중앙에 총을 맞고 사망하는 H.)

이런 방식으로 두 번째의 문장도 나만의 상상을 덧입혀 열심히 만들었다. 그런데 수업이 시작되고 친구들이 발표하는 것을 보고 나는 뭔가 잘못됐다고 느꼈다. 친구들은 10초도 안 되게 발표를 마친 것이다. 메일을 찾아보니 정해진 시간은 없었다. 그래도 준비해 온 걸 포기할 수는 없었던 나는 조금 짧게 표현하기로 했다.

(만신창이의 H, 누군가에게 멈추라는 손짓을 한다.)

H: I have the listing right here. Would you like to see it?

(자신의 안주머니를 가리키며 무엇을 꺼내려고 하는 H. 천천히 긴장감

있게 꺼내 보이는데 손에는 아무것도 없다. 어리둥절해하는 E에게 가운

뎃손가락 선물하는 H. E의 분노한 표정을 보며 웃는 H.)

'탕.'

선생님은 스토리 라인이 정확히 보여서 너무 재미있다고 했다. 또 대사의 이유가 명확하게 느껴지고 어떤 상황인지 이해가 가서 아주 좋았다고 코멘트를 해줬다. 벼락 바꾸기가 희열로 전해지는 순간이었다. 무엇보다 연기에는 정답이 없는 것이고 내가 표현하는 게 정답이니 지금처럼 자신감 있게 충분히 상황을 그리고 느끼면서 연기하라고 조언해주셨다.

드디어 마지막으로 독백을 발표하는 시간. 나는 마지막 순간을 즐기고 싶었다. 정말 내가 연기하는 장면 속으로 들어가고 싶었다. 상대 배우에게 집중하고 지금 내 상황을 온전히 느껴가며 연기를 시작했다. 그리고 알 수 없는 에너지와 힘을 느꼈다. 그렇게 독백이 끝이 났다. 연기를 마치자 선생님과 친구들이 모두 기립박수를 쳐줬다. 어안이 벙벙했다. 선생님은 내게 너무나 훌륭한 몰입과 연기여서 자신은 더 이상 코멘트할 것이 없다고 했다. 친구들에게는 내가 나오는 영화나 드라마를 곧 볼 수 있을 것 같다는 찬사를 해주셨다. 친구들도 그렇게 생각한다고 호응해줬다.

정말 기분이 너무나 좋았다. 내 가능성을 확인받은 기분이었다. 그동안 준비하면서 받았던 스트레스들이 모두 사라지는 듯했다. 준비를 하는 과정은 너무 힘들지만 긴장감 속에 연기로 표현을 해내고 그 끝에 맞이하는 해방감은 정말 큰 행복이자 희열인 듯하다. 수업이 끝나고 친구들과 선생님은 내게 따뜻한 포옹을 해주며 멋진 배우라고 칭찬을 해줬다. 할리우드에 또 이렇게 새로운 인연들을 만들어 너무나 기분 좋은 순간이었다.

도전은 나를 움직이게 만드는 원동력이다. 항상 도전을 하기 전에는 수많은 걱정과 부정의 시각들이 나를 지배하려 든다. 또 항상 고민하고 나를 가둬두려는 마음이 고개를 든다. 하지만 결국 도전을 선택한 이후에는 언제 그런 부정적인 고민들이 있었냐는 듯 단단한 성취감만이 남는다. 나는 언제까지 도전을 하며 살아야 할까? 언제까지 고민과 선택의 순간을 반복하며 살아야 할까? 아마도 평생 이렇게 살지 않을까 싶다. 그래야, 헤이든이지 않을까.

사람들의 사랑으로,
〈도산 안창호〉

대한민국 국민이라면 꼭 알아야 할 도산 안창호 선생님을 할리우드에서 만나게 되리라고는 상상도 하지 못했다. 사실 뮤지컬 〈도산 안창호〉에 참여하기 전까지 안창호 선생님의 이름은 알고 있었지만 정확히 어떤 일을 하셨는지에 대해 기억하지 못하고 있었다. 참으로 부끄러웠다.

안창호 선생님을 알아가면서 정말 놀란 것이 많다. 정말 창의적비전을 가지고 우리 민족이 미래로 나아갈 수 있도록 독립운동을 하셨다. 국민이 행복할 수 있는 일을 계속 생각하시고 민족 간에 갈등이 있을 때는 해결책을 제시할 수 있는 지도자셨다. 끝이 보이지 않는 터널 속에서 엄청난 사투를 벌이셨을 선생님을 생각하면서 죄송한 마음이 들지 않을 수가 없었다. 오늘날 우리의 삶 속에

머나먼 나라 미국엔, 우리의 역사를 지켜나가는 이들이 있었다

서도 선생님의 인생을 통해 해답을 얻을 수 있을 거라는 생각이 들었다. 그리고 안창호 선생님의 정신을 LA에서 지켜나가고 있는 한인들이 있었다. 머나먼 타국에서 선생님의 정신을 잊지 않고 계승해나가고 있는 사람들을 만나며 나는 정말 많이 부끄러웠고 정말 많은 것을 배웠다.

　처음 우리 팀을 만난 것은 허름한 교회의 연습실이었다. 그곳에서 나이를 불문하고 다양한 사람들이 웃으면서 연습하는 모습을 목격했다. 클라라 총감독님과 최원현 연출님 그리고 음악감독님이자 작곡가 조셉 K 님, 신원철 작곡가님들을 주축으로 〈도산 안창호〉 뮤지컬을 만들고 계셨다. 직장이나 학교를 마치고 오는 사람,

5장　할리우드 문을 Do, Dream

두 시간이 걸리는 거리를 운전해서 오는 사람 등 수많은 사람이 마음을 모아 뮤지컬을 만들어갔다.

그들의 연습 과정을 지켜보며 정말 내 자신이 부끄러워졌다. 그들에게서 진심과 사랑이 느껴졌다. 평소 영어를 쓰는 아이들도 뮤지컬을 연습할 때면 하나같이 "대한독립만세"를 외치며 안창호 선생님의 뜻을 기리기 위해 노력하고 있었다. 한국말에 서투른 친구부터 유학생 청년들까지 모두 자신의 재능을 살려 뮤지컬을 준비하는 데 일조하고 있었다. 뮤지컬의 배역을 맡지 않은 어른들은 팀원들의 간식도 챙기고 다양한 장면에서 앙상블로서 자리를 채워주시고 있었다. 내가 만약 독립운동의 현장에 있었더라면 아마도 이러한 모습에서 사람들의 뜨거운 마음을 느끼지 않았을까 하는 생각이 들었다.

다시 한번 가슴에, '역사를 잊은 민족에게 미래는 없다'

내가 연습에 참여했을 때는 공연을 두 달도 채 남겨두지 않은 시점이었다. 뮤지컬 단원들은 1월부터 작은 교회에 모여 매일같이 준비를 해왔다고 한다. 개인적으로 나는 노래가 많이 부족했던 터라 걱정이 많았는데 사람들의 열정과 노력을 보니 더 피나는 노력을 해야겠다고 생각했다. 무엇보다 〈도산 안창호〉의 모든 뮤지컬 넘

버가 너무 훌륭했기에 잘 소화하고 싶었다.

내가 머물던 집으로 함께 뮤지컬을 준비하던 동료 배우 수연 씨의 조카들이 놀러 온 적이 있다. 그 아이들은 내가 노래 연습을 하는 걸 얼마나 많이 들었으면 나를 보기만 해도 내 뮤지컬 넘버를 부르면서 놀려댔었다. 나중에 그 아이들이 한국으로 돌아가면서 남긴 편지가 있는데, 그 내용이 너무나 감동적이었다.

저도 삼촌처럼 뭐든 열심히 하는 사람이 되고 싶어요.
_상희

저희 마음속에는 1등 배우니까 꼭 멋진 배우되시길 바
랄게요. 그동안 즐거웠습니다. 보고 싶을 거에요. _가희

그 친구들의 눈엔 내가 열심히 하는 사람이자 노력하는 배우로 남았다는 것이 너무나 기뻤다. 그렇게 두 달간 독수공방하면서 노래연습을 하고 뮤지컬의 의미를 찾아가는 시간을 가졌다. 특히 원현 형님의 도움을 많이 받았다. 일주일에 한 번씩 받는 원포인트 레슨을 통해 내 노래 실력은 조금씩 나아져갔다.

만발의 준비를 거쳐 우리의 첫 번째 무대의 막이 올랐다. 우리는 1,600석 규모의 뮤지컬 전용극장 라미라다극장La Mirada Theatre에서 공연을 했다. 첫날 객석이 가득 찬 것을 보고 너무나 놀랐다. 박스

테이지에서 사람들과 함께 파이팅을 외치는데 가슴이 뭉클해지는 것을 느꼈다. 1월부터 8월 말까지 단 4일간 6회의 공연을 위해 쏟은 노력을 직접 봤기에 더욱 감동적이었다.

공연이 시작되고 나는 백스테이지에서 동료들의 무대를 지켜봤다. 무대에 오르기 전까지 긴장하고 어쩔 줄 몰라하던 이들이 무대 위에서 자유롭게 날아다니는 모습을 봤다. 창작의 진정한 의미를 되새기는 시간이었다. 뮤지컬 〈도산 안창호〉의 동료들은 대부분 평범한 한인들로 구성돼 있었다. 하지만 누구보다 멋지고 자랑스런 배우들이었다. 무엇보다 그들이 준비한 무대가 진정한 애국의 무대였다. 마치 독립 자금을 모았던 이민 1세대의 모습처럼 머나먼 미국에서 당당하게 우리의 역사를 이어가는 자랑스러운 이민자들의 모습을 볼 수 있었다. 안창호 선생님이 말씀하신 애국과 우리 민족에게 바라던 정신을 보고 있는 듯했다. 그리고 '역사를 잊은 민족에겐 미래가 없다'라는 말이 떠올랐다.

대한민국에 살면서 역사를 잊고 살았던 내 자신이 부끄러웠다. 내가 맡았던 장면 중 하나는 김구 선생님이 윤봉길 의사를 보내고 난 직후의 이야기를 연기하는 장면이었다. 나는 무대에 오르기 전 윤봉길 의사의 거사가 가진 의미를 잊지 않기 위해 공부를 했다. 그리고 관객들에게 잘 전달할 수 있을지 고민에 고민을 거듭했다. 막이 오르기 전에는 윤봉길 의사가 김구 선생님과 바꿔 찼었다는 시계를 바라보며 윤봉길 의사에게 마음에 담은 편지를 써 내려갔다. 매 공연마다 윤봉길 의사에게 전하는 내 마음의 편지 내용은 달라졌지만 내 마음이 선생님에게 닿았다면 기특하게 생각해주시지 않았을까 한다.

역사적 인물을 연기하기란 정말 쉬운 일은 아니다. 그들의 업적에 대한 공부도 많이 해야 하고, 그들의 마음을 이해하기 위해 정말 많이 노력해야 한다. 솔직히 내가 범접할 수 없는 애국심이기에 함부로 연기하기조차 어려운 것이 사실이다. 하지만 좋은 선배님들, 특히 조창현 형님과 대화를 나눈 덕분에 함께 캐릭터를 함께 찾아갈 수 있었다. 캐릭터를 연구하면서 부족하지만 조금이나마 독립운동가들의 마음을 이해할 수 있었다.

모든 공연을 마치고서 우리는 백스테이지에서 함께 기쁨의 눈물을 흘렸다. 그 눈물을 보며 그동안 얼마나 마음고생이 심했는지를 알 수 있었다. 그 모습까지도 너무나 아름다워 보였다. 공연을 마친 내게는 무대, 사람, 사랑, 에너지가 남아 있었다. 그리고 나는 내가 사랑하는 것, 내가 진정 나눌 수 있는 것, 내가 진정 베풀 수 있는 곳이 바로 무대라는 걸 깨달았다.

한편으론 모두 한마음으로 독립운동가들의 마음을 담아내는 동안 정말 마음이 아파왔다. 3.1운동에 참여해 태극기를 흔드는 모습을 보며, 독립운동을 위해 가족을 떠난 아버지 안창호 선생님을 그리워하는 자녀들의 모습을 보며, 갖은 고초를 겪으면서도 독립을 생각하는 안창호 선생님의 모습을 보며, 독립을 위해 끝까지 포기하지 않은 수많은 독립운동가들의 모습을 보며 눈물을 훔쳤다.

개인적으로도 두 달간 뮤지컬 〈도산 안창호〉를 만들어온 사람들의 열정과 사랑을 볼 수 있어 너무 소중한 시간이었다. 무엇보다 우리 선조들의 희생과 노고에 대해 공부하며 그들의 마음을 간접적으로나마 느낄 수 있던 기회를 얻은 것에 너무 감사했다. 이 자리를 빌려 LA에서 지금도 도산 안창호 선생님의 정신을 기리는 동료들과 많은 한인 분들에게 감사의 인사를 전한다. 그리고 다시 한번 안창호 선생님, 김구 선생님을 비롯한 대한민국 순국선열과 호국영령께 감사와 존경의 인사를 전하고 싶다. 그리고 다시 한번 가슴에 새겼으면 한다. '역사를 잊은 민족에게 미래는 없다.'

대한민국 화이팅.

Arrival 5

나는 세 번에 걸쳐 할리우드로 도전을 했고, 이곳에서 수많은 기회의 문 중 몇 개를 열어봤다. 그리고 대한민국의 배우로서 할리우드의 배우들과도 호흡을 맞춰봤다. 또 할리우드에서 나와 같은 꿈을 꾸며 나보다 더욱 치열하게 살아온 사람들과 함께하는 영광을 누렸다. 역사적인 위인을 연기하는 감사한 순간도 선물받았다. 미국으로 향한 두 번의 여정을 계기로 예술인 비자를 발급받은 것도 결코 상상하지 못할 일이다. 심지어 내게 도전의 기회가 계속 찾아올 거라고도 생각지 못했다. 하지만 나는 확신하고 있었다. 계속해서 도전할 것이고 분명 답을 찾을 것이라고 말이다. 그 마음만큼은 분명히 마음속에 간직하고 있었다. 그리고 정확히 1년 후 너무나 감사하게도 연기자로서 당당하게 입국하는 행운을 얻었다.

나를 찾아온 행운을 돌아보면 정말 모든 것이 꿈처럼 느껴질 정도다. 〈웨스턴애비뉴〉와 〈대부〉라는 작업을 하게 된 것을 시작으로 〈웨스턴애비뉴〉를 계기로 만난 이언 형의 결혼식에서 〈도산 안창호〉를 준비 중이시던 클라라 대표님과 최원현 연출님을 만났다. 뮤지컬을 통해 나는 안창호 선생님의 독립에 대한 열망을 다시 한 번 공부할 수 있는 기회도 얻었다. 또 김구 선생님을 연기할 수 있는 영광과 수많은 한인 친구들과의 소중한 인연을 얻었다. 특별히 연기자 선배이신 창현 형님을 만날 수 있어 더욱 좋았다.

할리우드 액팅 스튜디오에서 새로운 도전을 시작한 것도 잊을 수 없다. 매일같이 혼자 조깅을 하던 그리피스 천문대에서 할리우드에서 활동하고 있는 배우 친구들과 연기 연습을 했던 순간을 생각하면 지금도 마음속이 뿌듯해진다.

그리고 지금까지 나를 믿고 비자를 발급받기까지 기다려주신 종유석 감독님, 매일같이 메일로 답변을 보내주며 비자 발급을 도와준 미셸, 할리우드에서 연기할 수 있도록 도와준 〈웨스턴애비뉴〉 식구들, 뮤지컬이라는 새로운 도전으로 나를 이끌어준 클라라 대표님과 최원현 연출님, 조셉 K 음악감독님, 수연 씨, 성예 누님을 비롯해 〈도산 안창호〉의 식구들, 마지막으로 나의 귀국길까지 함께해준 파트론 창현 형님에게 무한한 감사를 전한다. 이번 여정에서 만난 인연들이 없었다면 나 혼자서는 아무것도 해낼 수 없었을 것이다. 내 소중한 인연들이 함께 동행해줬기에 모두 가능했다.

아무 연고도 없던 미국 땅은 이제 나를 기다려주고 반겨주는 사람들로 가득한 곳이 됐다. 이런 것이 인생에서 만나는 가장 즐거운 여정이자 내 소중한 자산, 내 행복이지 않을까. 정말 뜨겁게 샘솟는 연기에 대한 열정을 느낄 수 있는 시간이었고, 나의 굳은 심지를 확인하는 시간이었다. 다시 한번 세 번째 여정을 따뜻하게 만들어 준 모든 친구들에게 감사의 인사를 전한다. 무엇이든 할 수 있다는 마음가짐으로 항상 긍정적으로 생각하고 시작할 것을 다짐하며.

See you soon. Be positive all the time!

6장

이제는
Do, Dreams come true

다시 출발할 시간

폭죽이 될래, 별이 될래

Departure 3

미국에서의 세 번째 여정을 마치고 돌아온 나는 잠시 재정비 시간을 가졌다. 얼마 후 시상자 자격으로 예천국제스마트폰영화제에 참석하게 됐다. 마침 우리 영화 〈디스커버리〉가 본선에도 진출한 소식을 들은 영화제의 관계자들은 금의환향했다며 축하를 해주셨다. 많은 분들이 내가 할리우드에 진출하기 위해 공부하던 모습을 알고 계셔서 현지에서 영화와 드라마를 찍었다는 것에 더욱 기뻐해주셨다. 특히 예천국제스마트폰영화제 신창걸 집행위원장님과 우동순 사무국장님은 O-1 비자를 준비할 때 많은 도움을 주셨다.

불과 2년 전에는 출품자였던 내가 시상자 자격으로 무대에 서니 감회가 새로웠다. 우리 영화 〈디스커버리〉는 아쉽게도 본선에서 탈락했다. 나중에 한 감독님에게 어떻게 보셨는지 여쭤보니 너무

놀면서 찍은 것 같아 탈락시켰다고 하셨다. 우리의 리얼리즘이 너무 적나라하게 드러났던 게 아닐까 싶었다. 하지만 결과와 상관없이 참 기분 좋은 날이었다.

그리고 놀라운 소식이 나를 기다리고 있었다. LA에서 열리는 아시아국제영화제Aaian World Film Festival에서 최초로 영화 관계자들 앞에서 〈웨스턴애비뉴〉의 공식 프리미어 상영을 한다는 것이었다. 그리고 나는 아시아국제영화제로부터 초청을 받아 네 번째 여정을 떠나게 됐다. 정말 감회가 새로웠다.

또 하나의 경사가 전해졌다. 〈대부〉가 LA에서 열리는 또 다른 아시아인 영화제와 런던의 골드라이언영화제에 노미네이트됐다는 소식이었다. 말 그대로 겹경사였다. 영화제 일정도 정확하게 맞아떨어져 나는 설레는 마음으로 다시 한번 LA에 갈 채비를 했다. LA로 가는 길은 항상 내게 설렘을 주는 듯하다. 이제는 비자가 있으니 부담 없이 떠날 수 있다는 것과 날 맞이해주는 사람들이 그곳에 있다는 사실이 무엇보다 좋았다.

비행기 안에서는 마음을 추스르며 조용히 글을 써 내려갔다. 고요한 하늘을 바라보며 생각을 정리하고 있으니 기분이 좋아졌다. 그리고 지구 반대편으로 가는 것에 대한 설렘보다 누군가를 다시 만난다는 설렘을 느꼈다. 이상하게 하늘 위에 있으면 알 수 없는 힘을 느끼게 된다. 내가 가장 좋아하는 순간이다. 하늘 위에서 바라보는 세상은 그저 아무런 동요 없이 고요하기만 했다.